CREATIVE BUSINESS SOLUTIONS:

DYNAMIC WRITING: How to make words work for you

by Nick Souter

Copyright © The Ilex Press Limited 2007

This translation of Creative Business Solutions: Dynamic Writing originally published in English in 2007 is published by arrangement with THE ILEX PRESS Limited.

All rights reserved.

This Korean edition was published by designhouse in 2009 by arrangement with The Ivy Publishing Group through KCC(Korea Copyright Center Inc.), Seoul.

이 책의 한국어 판 저작권은 (주)한국저작권센터(KCC)를 통한 저작권자와의 독점계약으로 디자인하우스에 있습니다. 저작권법에 의해 한국 내에서 보호를 받는 저작물이므로 무단전재와 복제를 금합니다.
(주)디자인하우스는 김영철 변호사·변리사(법무법인 케이씨엘)의 법률자문을 받고 있습니다.

이 도서의 국립중앙도서관 출판시도서목록(CIP)은
e-CIP 홈페이지(http://www.nl.go.kr/ecip)에서 이용하실 수
있습니다.(CIP제어번호: CIP2009002074)

CEO의 글쓰기엔 뭔가 비밀이 있다

닉 사우터 Nick Souter 정윤미 옮김

design**house**

차례

책 활용법

첫 입사 면접을 보기 위해 준비하는 이력서에서부터 오랫동안의 직장생활을 마무리할 때 작성하는 퇴직서에 이르기까지 글쓰기 능력은 당신의 성공 여부에 중대한 역할을 할 것이다.

당신은 글을 통해 지식과 생각을 전달하고 아이디어를 팔기도 한다. 또한 리더가 되고자 할 때는 글을 통해 사람들로 하여금 당신의 지시를 따르도록 할 수 있다. 이를 위해서는 편지, 이메일, 팩스, 보고서, 의사록, 필기 노트, 보도자료, 포스트잇, 메모, 뉴스레터 등 다양한 매체가 동원될 수 있다. (내가 받아 본 가장 중요한 메시지 가운데 하나는 점심 식사 중에 냅킨에 갈겨써서 식탁 밑으로 건네진 것이었다!)

시간은 언제나 부족하기 마련이다. 글을 쓸 때는 신속 정확하고 간결하게, 그리고 설득력 있게 써야 한다. 또한 읽는 사람의 관심을 끌어내고 이를 지속시킬 수 있도록 해야 한다. 읽는 사람 역시 시간이 많지 않다는 점을 명심하라.

이처럼 글을 쓸 때 고려해야 할 사항은 한두 가지가 아니다.

또 한 가지 문제는 대부분의 사람들이 글쓰기를 좋아하지 않는다는 것이다. 어떤 사람은 아주 질색을 한다. 말솜씨가 뛰어나고 자신이 하고자 하는 말이 무엇인지 알면서도 환한 백지만 대하면 정신이 아뜩해지는 사람들도 있다. 심지어 글쓰기를 생업으로 하는 작가들 역시 이러한 고뇌와 자신감의 위기를 겪는다. 소설가는 운동선수가 부상을 두려워하는 것과 마찬가지로 창작 슬럼프를 두려워한다. 그러나 다행스럽게도 소설적인 글쓰기와 훌륭한 비즈니스 글쓰기 사이에는 큰 차이가 있다. 소설가는 무에서 유를 만들어 낸다. 그들은 상상의 세계로 들어가 우리가 읽고 싶어 하는 이야기들을 캐낸다.

그에 비해 우리가 비즈니스에서 사용하는 글쓰기는 아슬아슬한 모험을 필요로 하지 않는다. 당신은 현재 있는 자리에서 이미 알고 있는 것을 사용하면 된다. 당신이 어떤 정보를 얻기 위해서는 변덕스러운 상상력이 아닌 세심한 연구 조사가 필요하다. 비즈니스 글쓰기는 예술적 재능과 영감이 아니라 목적과 계획, 구조와 구성이 중요하다.

따라서 당신은 믿음이 가지 않는 시적 영감의 도움을 받지 않아도 비즈니스 글쓰기를 할 수 있다. 중요한 것은 과정이다.

이 책의 내용은 모두 과정에 관한 것이다.

설득력 있는 글쓰기는 기술이다. 모든 기술이 그렇듯이 글쓰기 기술도 익히고 숙달하기 위한 과정이 있다.

우리는 이 과정을 6단계로 진행할 것이다.

1. 준비(Preparation)
2. 계획(Planning)
3. 초안 작성(Drafting)
4. 검토(Reviewing)
5. 수정(Rewriting)
6. 보완(Polishing)

준비와 계획은 비슷해 보이지만 그 초점은 서로 다르다. 준비 단계는 글쓰기를 위해 마음을 가다듬고 생각과 접근법을 정리하는 것이다. 계획 단계는 글감을 준비하고 글 속에 삽입할 정보를 정리하는 방식에 초점을 맞춘다.

준비에 관한 장에서는 이론들을 소개할 것이다. 우리는 "커뮤니케이션 모델(Communication Model)"을 사용하여 글을 쓰는 사람과 읽는 사람의 관계를 연구할 것이다. 이는 관점을 가장 효과적으로 전달할 수 있는 매개체, 문체, 어조를 선택하는 데 도움이 될 것이다. 그리고 글의 내용이 명확하게 전달되는 것을 방해할 수 있는 장애물과 고정관념을 찾아내 제거하는 방법을 익힐 것이다.

일단 정신적인 준비의 과정과 이론을 배우고 나면 빠르고 쉽게 그리고 거침없이 글을 써내려갈 수 있게 된다. 계획 과정은 보다 많은 시간을 필요로 하며, 전체 커뮤니케이션 과정에서 가장 중요한 부분일 것이다. 이런 말도 있지 않은가.

"계획을 세우지 못하면 실패를 계획하고 있는 것이다."

이 책은 비즈니스 커뮤니케이션의 가장 중요한 요소인 목적에서부터 출발할 것이다. 당신이 얻고 싶은 것이 무엇인지 정확히 알기 전에는 아무것도 행동에 옮겨서는 안 된다. 단어 하나도 쓰지 말라. 독자가 어떻게 하기를 바라는지 정확히 알지 못한다면 독자가 당신이 원하는 방식으로 반응하기를 기대할 수 없다.

모든 비즈니스 글쓰기의 목적은 변화를 이끌어내는 것이다. 당신은 글을 읽은 후 사람들이 다르게 생각하거나 행동하기를 기대할 것이다. "커뮤니케이션(communication)"이라는 단어는 "함께 나누다"라는 의미의 라틴어 코무니카레(communicare)와 "공동의"라는 의미의 코무니스(communis)에서 유래했다. 즉 커뮤니케이션은 새로운 합의 사항과 이해를 나누는 것이다.

그런 일은 당신이 소원하는 결과를 명확히 설정하고 메시지를 구성해 그것을 뒷받침할 때에만 일어날 수 있다.

목적은 당신의 말이 설득력 있는 한 편의 글로 발전할 수 있게 해줄 DNA다. 글쓰기의 목적을 알면 시간 사용 방식을 결정할 수 있다. 시간은 많든 적든 간에 글쓰기 과정 각 단계별로 나뉘어야 한다. 시간이 촉박할 때는 한 단계를 모조리 생략할 것이 아니라 전체 과정들을 압축해서 진행해야 한다. 형편없는 비즈니스 글쓰기가 많은 이유는 시간에 쫓겨 생각을 시작하기도 전에 글쓰기를 시작하기 때문이다. 당신이 더 많이 생각하고 덜 쓴다면 더 나은 커뮤니케이션을 할 수 있을 것이다. 따라서 우리는 주어진 시간에 상관없이 모든 유형의 글쓰기에 적용될 수 있는 시간표(timeline)를 살펴볼 것이다.

대부분의 사람들에게 글쓰기에서 가장 어려운 부분은 시작이다. 시작하는 데 어려움을 느낀다면 특별히 이 부분이 노이로제에 걸려 있거나 제대로 계획을 세우지 못했을 가능성이 높다. 이 문제를 해결하기 위해서는 글감을 잘 정리할 필요가 있다.

정보는 커뮤니케이션의 원재료다.

당신이 가진 정보가 필요 이상으로 더 많을 때도 있고 충분하지 않을 때도 있을 것이다.

제2단계인 계획에서는 마인드맵을 사용해 정보를 수집하고 선택하고 정리하는 연습을 할 것이다. 그런 후에 정보를 구성하기 위한 10가지 표준 형식을 검토할 것이다. 이 형식들은 모두가 다양한 주제나 적용에 유용하지만 우리는 특히 유기적 구조의 다이아몬드라는 한 가지 유형에 집중하게 될 것이다. 이 형식은 당신의 글을 더욱 설득력 있게 만들기 위해 특별히 고안한 것이다.

준비와 계획이 완료되었을 때에만, 즉 글을 읽을 사람, 글쓰기의 목적, 글감, 구조, 스타일, 글의 어조를 모두 파악했을 때 비로소 당신은 글쓰기를 시작할 수 있을 것이다.

제3단계는 초안 작성이다. 이때 처음으로 당신의 생각을 종이 위에 써볼 수 있다. 놀랍게도 전체 글쓰기 과정에서 초안 작성 단계는 시간이 가장 적게 걸리는 편이다. 그리고 글쓰기를 즐기지 않는 사람에게도 가장 쉬운 단계 중 하나다.

초안을 만들 때는 계획 단계에서 정리한 생각을 그대로 풀어놓으면 된다. 빨리 쓰고 중간에 멈추지 말아야 한다. 걱정하거나 주저하지 말자. 당신의 내면에 있는 비평가의 입을 틀어막고 무조건 써내려가자. 철자법이나 문법, 구두점 따위에는 신경 쓰지 말자. 이 단계에서는 그런 것들이 중요하지 않다.

대부분의 사람들, 특히 완벽주의자들은 마음 놓고 글을 쓸 때 해방감을 느낀다.

당신은 자신이 만들어 내는 말이 제법 괜찮다는 사실에 새삼 놀라게 될 것이다. 다음 단계에서 초안을 검토해 보면 힘든 일은 사실상 계획 단계에서 끝냈다는 것을 발견할 것이다. 갑자기 글쓰기가 별로 어렵게 느껴지지 않는다.

초안이 기술적인 오류투성이일 수도 있지만 그런 것들은 쉽게 고칠 수 있다. 제4단계 검토하기에서는 관점을 바꾸게 될 것이다. 이 단계에서는 글을 쓰는 사람의 입장에서 벗어나 당신의 글을 읽는 사람의 비판적인 시각으로 자신이 만든 초안을 검토할 것이다. 검토의 대상은 글의 내용과 구조다. 알맞은 내용을 알맞은 곳에 배치했다고 생각되면 다음 단계로 넘어갈 수 있다.

제5단계는 수정이다. 여기에서도 글의 내용에 초점이 맞추어진다. 글의 도입부에서 한층 시선을 사로잡는 법과 마무리를 깔끔하게 할 수 있는 방법을 살펴볼 것이다. 모든 주장을 뒷받침할 수 있는 증거를 덧붙임으로써 당신의 글이 모호하지 않고 항상 구체적인 글이 되도록 한다. 이 책에서는 로버트 치알디니(Robert Cialdini)의 『설득의 6가지 법칙(Six Weapons of Influence)』을 사용해 당신의 메시지를 보다 설득력 있게 만드는 방법과 시각적인 정보와 근거 자료를 효과적으로 활용하는 방법도 다룰 것이다. 이 과정이 끝날 무렵 두 번째 초안이 완성된다.

이 초안을 글쓰기의 시제품으로 생각하자. 이것만으로도 한 편의 글이 될 수 있으므로 시간이 촉박할 때는 이 글을 편지봉투에 넣거나 '전송' 버튼을 누를 수도 있을 것이다.

그러나 당신은 그와 같은 유혹에 저항하는 법을 배울 것이다.

제6단계에서는 글을 다듬는 기술을 연습할 것이다. "악마는 세부 속에 있다"라는 말을 믿는다면 글쓰기 과정에서 이 부분이 얼마나 중요한지 공감하게 될 것이다.

우리는 글의 스타일과 어휘를 바로잡아 내용을 간결하고, 명확하고, 정확하게 만드는 방법을 배울 것이다. 윤문 과정에서 초안의 거친 모서리들이 모두 깎여 나가 글의 흐름이 자연스러워지고 더 쉽게 읽힐 것이다. 그러면 당신의 글은 읽는 사람에게 더 효과적으로 전달되어 더 많은 공감을 불러일으키게 될 것이다.

훌륭한 비즈니스 글쓰기 기술은 당신의 말로 읽는 사람의 생각을 바꾸는 것이다. 윤문은 이러한 일을 가능하게 만드는 것이다.

지금쯤 당신은 "나는 그렇게 복잡한 과정을 거칠 시간이 없어"라고 생각할지도 모른다. 그러나 대부분의 사람들은 필요한 계획과 준비 없이 글을 쓰며 시간을 낭비한다. 그 결과 망설임 가운데 끝없이 수정에 수정을 반복하며 느릿느릿 글을 써나간다. 이 같은 과정이 지루하게 반복되는 가운데, 그렇게 수정한다 해도 결코 좋은 글은 나오지 않는다.

설상가상으로 이러한 커뮤니케이션은 제대로 성공하지도 못한다. 그래서 두 번째 편지가 필요하게 되고, 이로써 더 많은 시간을 낭비하게 된다.

시간을 절약하는 최선의 방법은 처음부터 제대로 하는 것이다. 그러나 초안을 가지고 그렇게 한다는 것은 아니다.

이러한 6단계 과정은 실제로 당신의 글쓰기 작업을 간소화시킨다. 우리가 진행하는 워크숍에서 사람들은 기존 소요 시간의 절반만 들였을 뿐인데도 더 나은 결과를 얻는다. 사고의 초점이 명확해짐에 따라 이전처럼 펜 끝을 잘근거리며 다음에 무슨 말을 써야 할지, 또는 아예 처음부터 다시 써야 하는 건 아닌지 고민하는 시간이 줄었기 때문이다.

이 책은 시간을 절약하면서도 좋은 글을 쓸 수 있는 법을 알려 주는 매뉴얼이자 참고서 역할을 할 것이다.

2~11장은 6단계 글쓰기 과정을 가르쳐 주는 매뉴얼이다. 본문의 순서대로 읽어 가며 각 단계를 익혀야 한다. 그런 후 차례 페이지에서 좀 더 연구하고 싶은 장을 찾아 다시 읽어 볼 수 있다.

각 장의 끝부분에 제시한 연습 문제는 당신이 날마다 이 과정을 따라 글쓰기를 하는 데 도움이 될 것이다. 일단 이 간단한 기술들을 숙달하고 나면 효과적으로 글을 쓸 수 있다는 자신감이 생길 것이다. 당신이 완벽주의자라면 더 이상 고민하지 않고 글의 흐름을 타게 될 것이다. 당신이 꾸물대는 사람이라면 더 이상 미루지 않고 당장 글쓰기를 시작할 것이다. 당신이 어떤 유형이든 글쓰기가 덜 막막하게 느껴질 것이다.

커뮤니케이션의 과정

글쓰기 계획을 시작하기 전에 글을 통한 커뮤니케이션과 말로 하는 커뮤니케이션의 차이점을 살펴볼 필요가 있다.

사람들은 흔히 "말은 약하다"라고 말한다. 그리고 어떤 생각과 의도를 말로 표현할 때는 나중에 그 말을 번복할 수 있다는 의식이 깔려 있는 것도 사실이다.

입으로 한 말은 불변성이 부족하다.

우리가 맹세하고 이야기하지 않는 한 말하는 것들에 대해 결코 100퍼센트 책임은 없다.

한때 내가 몸담으며 여러 가지 일을 했던 한 미국 회사에서 이러한 점을 잘 보여 주는 예를 찾을 수 있다.

이 회사 사내 공식 메모판의 맨 첫머리에는 항상 이런 문구가 적혀 있었다. "구두로 지시를 내리거나 받지 마시오."

반면에 글로 표현하면 책임감 있는 약속이라는 느낌을 준다.

우리는 "글로 말할" 때 확신을 준다. "내 말을 믿어도 좋습니다. 심사숙고한 것이니 마음을 바꾸지 않겠습니다"라는 암시를 주는 것이다. 편지의 경우 서명을 함으로써 이러한 책임감은 더욱 강하게 전달된다. 어떤 경우에는 이렇게 해서 법적 구속력이 있는 문서가 작성되기도 한다.

글은 문서로 남는 만큼 강한 책임이 따른다. 입으로 한 말은 (녹음하지 않는 한) 공기 중으로 사라지지만 기록된 글은 분실되거나 누군가가 고의로 파기하기 전에는 계속 존재한다. 임의로 기록을 파기하는 행위 자체가 불법인 경우도 있다.

누군가가 한 말을 옮길 수 있다. 그러나 당신의 말을 듣는 사람은 당신이 원래 화자의 의미를 바꾸었거나 개인적인 편견을 덧붙이지 않았는지 의심할 수도 있다. 타인에 의해 전달된 말은 금방 내용이 왜곡되고, 극단적인 경우에는 완전히 엉뚱한 이야기가 만들어지기도 한다.

그러나 기록된 글은 글쓴이의 원래 의도를 보여 주는 불변의 증거로 남는다. 그 글은 왜곡됨 없이 복사되어 여러 사람에게 전달할 수 있다. (이메일이 보편화된 요즘에는 기록된 메시지를 몇 초 만에 전 세계로 전달할 수 있다.)

말하기와 글쓰기는 결과뿐만 아니라 실제 커뮤니케이션 과정에서도 아주 다르다.

우리가 어떤 사람과 마주 보고 대화할 때 우리가 선택하는 단어에 의해 전달되는 정보는 전체 커뮤니케이션의 7퍼센트에 불과하며 38퍼센트가 우리의 어조를 통해 전달된다. 두 수치를 더해도 대화 상대가 받아들이는 전체 정보의 절반에도 미치지 못한다. 자그마치 55퍼센트의 정보가 우리의 외모, 얼굴 표정, 몸짓 언어에서 나온다. 이런 요소들은 대부분 무의식적인 것으로 우리가 임의로 조절할 수 없는 것들이다.

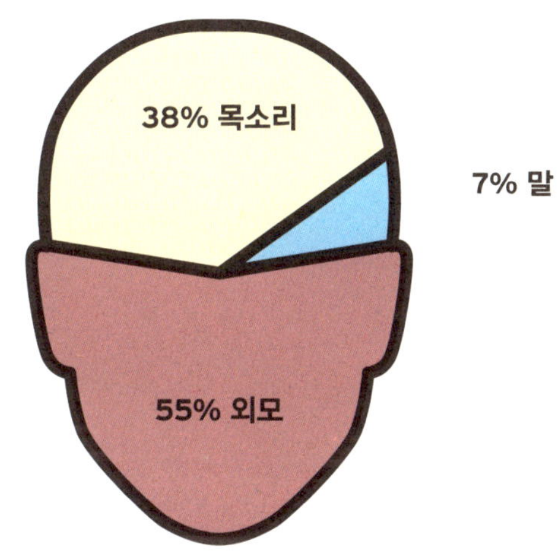

그러나 글쓰기에서는 정반대의 상황이 벌어진다. 당신이 어떤 사람에게 글을 전달할 때 상대방이 당신을 판단할 자료는 단어밖에 없다. 글을 읽는 사람은 얼굴을 마주 보고 하는 대화에서는 전체 커뮤니케이션에서 차지하는 비율이 7퍼센트에 불과했던 단어에서 100퍼센트의 의미를 끄집어내야 한다. 따라서 당신은 당신이 선택한 단어로 몸짓, 얼굴 표정, 음성이 빠진 자리를 채워야 한다.

불변하는
공식적인
비공식적인
불변하지 않는

요점은 분명하다.

생각을 글로 표현할 때는 단어를 훨씬 더 신중하게 사용해야 한다.

말하기와 글쓰기의 중간 위치에 있는 매체가 있다. 바로 전화다. 전화 통화에서는 단어를 선택할 수도 있고 음성을 사용하여 좋은 효과를 낼 수도 있다. 내 친구 중에는 "전화 통화를 요령껏 잘한다"는 평을 듣는 친구가 있다. 그는 부족한 55퍼센트의 커뮤니케이션 요소를 어조나 음의 고저, 말하는 속도 등을 이용해 보완하는 법을 터득한 것이 분명하다.
텔레마케터들은 이러한 교훈을 효과적으로 배우고 있다. 일부 회사의 텔레마케터들은 거울을 하나씩 앞에 두고 고객과 통화할 때 자신의 모습을 바라본다. 이렇게 하는 것은 그들이 통화 중에 계속 미소 짓는 얼굴을 유지하는데 도움이 된다. 자신의 웃는 표정이 고객에게 미세하게 감지되어 전해지기를 바라는 것이다.

옆 페이지의 그림은 3가지 전달 매체를 비교한 도표다. 일반적으로 사람들은 글이 더 공식적이고 신뢰할 수 있으며 오해의 소지도 더 적다고 생각한다. 또 "일급비밀"이라고 표시된 것이 아닌 이상 복사해서 회람할 수 있다는 점에서 보다 공적이라고 생각한다. 전화나 직접 대면해서 하는 말은 덜 공식적이다. 보다 친밀하고 개인적이며 타인에게 전달할 경우 왜곡되기 쉽다. 특별히 녹음을 하는 경우가 아니라면 더욱 사적인 내용이 될 수 있다. (타인의 말을 당사자의 허락 없이 녹음할 수도 없다는 점을 명심하자.)
일단 당신이 아는 사람이라면 그가 어떤 매체를 이용하든 대화 중에 그의 모습을 떠올릴 수 있다. 그러나 당신이 어떤 사람과 커뮤니케이션을 처음 할 때는 어떤 매체를 쓰느냐에 따라 그 차이가 두드러지게 느껴질 수 있다.

그래서 누군가를 전화상으로 '만난다'는 것은 쉬운 일이 아니다. 전화상으로 처음 알게 된 사람을 나중에 직접 만났던 때를 생각해 보라. 성격이나 외모 면에서 당신이 상상했던 것과 완전히 달랐던 경우가 많았을 것이다.

이것은 글의 경우에도 마찬가지다. 당신이 한 번도 만난 적이 없는 사람에게서 편지나 이메일을 받는다면 글의 의미뿐만 아니라 글을 통해 발신자가 어떤 사람인지를 알아내려 할 것이다. 그러나 발신자가 어떤 사람인지 추측하기는 쉽지 않다. 때로는 상대방의 성별도 판별하기 어려워 자필 서명을 살펴보아야 할 것이다.

글쓴이에 대한 뚜렷한 정보가 부족하다는 것은 2가지 점을 시사한다.

- 글의 내용을 잘못 이해하여 커뮤니케이션에 실패할 가능성이 있다.
- 당신이 상대방과 직접 대면한 상태가 아니라는 점을 감안하여 단어 선택에 더욱 신중을 기해야 한다.

그리고 글쓰기와 말하기에는 결정적인 한 가지 차이점이 있다.

글은 대화가 아니다. 글에는 상호작용이라는 것이 없고 상대방의 반응에 따라 단어를 바꿀 기회가 주어지지 않는다.

그러므로 글을 쓸 때는 처음부터 제대로 해야 한다.

그러면 함께 커뮤니케이션 과정을 살펴보면서, 당신의 생각이 읽는 사람에게 전달되어 정확히 이해되고 당신이 원하는 방식으로 해석되도록 하기 위해 제거되어야 할 장애물들을 찾아보자.

다음 페이지의 그림은 2가지 커뮤니케이션 모델을 보여 준다. 먼저 왼쪽부터 살펴보자. 모든 커뮤니케이션이 양방향으로 이루어지므로 이것은 글쓴이와 읽는 사람을 나타낸다. 답신이 보내질 때는 두 사람의 역할이 바뀐다.

성공적인 커뮤니케이션에서는 글쓴이가 글로 표현한 말이 읽는 사람에게 조금도 왜곡됨 없이 전해진다. 글의 내용은 글쓴이가 의도한 대로 정확히 흡수된다. 그런데 이런 경우는 거의 찾아볼 수 없다.

글을 읽는 사람은 모두 렌즈와 같은 필터를 통해 정보를 받아들인다.

당신의 글은 당신과 서신을 주고받는 사람의 눈에는 좀 다르게 보일 수 있다. 명확한 커뮤니케이션을 위해서는 당신의 말뜻을 왜곡시키는 필터의 성질을 이해할 필요가 있다.

다음 페이지의 커뮤니케이션 모델은 실제로 일어나고 있는 상황을 나타낸 것이다.

필터, 즉 렌즈는 당신의 메시지를 읽는 사람의 인생 경험이나 편견에 의해 만들어진다. 그가 보는 모든 것은 필터를 통해 왜곡된다. 문제는 정작 읽는 사람 자신은 이러한 필터가 만드는 왜곡 현상을 대개 의식하지 못한다는 점이다.

간단한 예를 살펴보자. 당신은 중앙 냉난방 기계 설비 회사에 근무하고 있으며 유료 서비스를 통해 얻은 우편 목록에 나와 있는 소비자들에게 편지를 보

글로 쓰였을 때

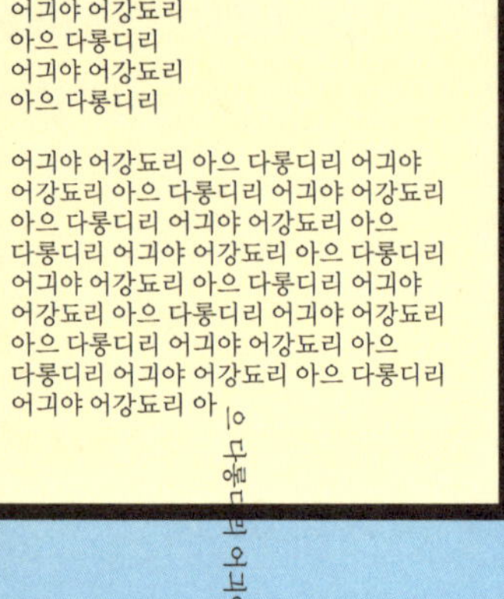

글로 쓰였을 때

글쓴이의 의도대로 읽혀질 때

실제로 읽혀질 때

낸다고 상상해 보라. 당신은 이 예비 고객들과는 전에 한 번도 연락을 취한 적이 없다. 당신의 목적은 그들에게 1월 특별 할인 행사를 소개하는 것이다.

당신은 다음과 같은 종류의 편지를 쓸 것이다.

프리즈 앤드 번 냉난방 시스템스
처음 들어 보는 공업 단지

스미스 씨,

해마다 여름 기온이 치솟고, 올해는 더 심한 무더위가 예상되는 이때, 지금이 냉방기 구입을 고려하시기에 적절한 시기일 것 같습니다.

F&B 냉난방 시스템스는 이 분야에서 이름난 기업으로 현재 귀하의 동네에서 영업을 하고 있습니다. 저희는 귀댁에서 멀지 않은 곳에 많은 고객을 확보하고 있기 때문에 귀하께서 1월에 냉방기를 주문하실 경우 파격적인 할인 혜택을 제공해 드릴 수 있습니다.

필요하시다면 다음 주에 저희 회사 담당자가 귀하를 찾아가 상담해 드리겠습니다.

상담을 통해 귀하는 저희 회사가 신속하고 효과적인 서비스로 정평이 나 있으며 철저한 장인정신을 갖춘 전문 엔지니어들로 구성된 회사라는 사실을 알게 될 것입니다.

귀하께서 현재는 필요하신 설비가 없지만 주변에 관심을 가질 만한
분이 있다면 동봉해드린 수신인 요금 부담 엽서를 작성해 보내 주
시기 바랍니다. 그러면 저희가 그분들께 직접 연락을 드려 더 이상
불편을 끼치지 않겠습니다.

감사합니다.

존 브라운
영업부장

이 편지 내용은 그럭저럭 괜찮은 편이다. 마침 냉방기가 필요하고 평소 당신
의 회사에 대해 좋은 이미지를 가지고 있는 누군가가 이 편지를 받아 본다면
호의적인 반응을 얻을 수도 있을 것이다. 그러나 당신의 회사는 아니더라도
다른 냉방기기 판매 회사와 한때 안 좋은 기억이 있는 사람이라면 어떨까?
게다가 영업사원들과 그들이 하는 말에 뿌리 깊은 불신을 가진 사람이라면?

그런 사람의 눈에 당신의 메시지는 다음과 같이 보일 수도 있다.

프리즈 앤드 번 냉난방 시스템스
처음 들어 보는 공업 단지

스미스 씨,

해마다 여름 기온이 치솟고 있고, 올해는 더 심한 무더위가 예상되는 이때, 지금이 냉방기 구입을 고려하시기에 적절한 시기일 것 같습니다.

(또 시작이군. 세일즈맨들의 상투적인 표현이라니까.)

F&B 냉난방 시스템스는 이 분야에서 이름난 기업으로 **(글쎄! 그렇게 유명한데 왜 나는 한 번도 이 회사 이름을 들어본 적이 없지?)** 저희는 귀댁에서 멀지 않은 곳에 많은 고객을 확보하고 있기 때문에 귀하께서 1월에 냉방기를 주문하실 경우 파격적인 할인 혜택을 제공해 드릴 수 있습니다. **(그럼 그렇지. 다들 연말연시에 흥청망청 돈을 쓰고 주머니 사정이 안 좋으니 1월은 세일즈맨들에게 최악의 시기일 거야.)**

필요하시다면 다음 주에 저희 회사 담당자가 귀하를 찾아가 상담해 드리겠습니다.

상담을 통해 귀하는 저희 회사가 신속하고 효과적인 서비스로 정평이 나 있으며 철저한 장인정신을 갖춘 전문 엔지니어들로 구성된 회사라는 사실을 알게 될 것입니다. **(자기네 회사 자랑으로 가득한 홍보물을 그대로 읽고 있는 것 같군.)**

귀하께서 현재는 필요하신 설비가 없지만 주변에 관심을 가질 만한 분이 있다면 동봉해 드린 수신인 요금 부담 엽서를 작성해 보내 주시기 바랍니다. 그러면 저희가 그분들께 직접 연락을 드려 더 이상 불편을 끼치지 않겠습니다. **(아! 이런 식으로 내 이름을 알아냈군. 도대체 누가 내 개인정보를 여기다 알려 준 거지?)**

감사합니다.

존 브라운
영업부장

당신이 보낸 메시지는 이제 더 이상 읽히지 않는다. 스미스 씨는 자신의 편견에 눈이 멀어 당신의 진심을 전혀 보지 못하고 있다.

편견은 아주 미묘한 것으로 안경의 렌즈와 같다. 우리는 렌즈를 통해 보면서도 렌즈의 존재를 잊어버린다.

이러한 논의를 한 단계 더 발전시키면 인간은 자기가 보고 싶은 것만 보려고

하는 경향이 있다고 말할 수 있다. 1890년대에 과학자 조지 스트래튼(George Stratton)이 흥미로운 실험을 진행했다. 그는 8일 동안 이미지가 망막에 거꾸로 맺히는 안경을 썼는데, 이로 인해 세상은 온통 거꾸로 보였다. 그런데 4일 후에는 렌즈를 끼고도 세상이 원래대로 보였다. 그는 렌즈가 그의 시각을 머릿속에서 거꾸로 뒤집고 있다는 것을 의식하지 못한 채 돌아다닐 수 있었다. 이러한 편견의 렌즈가 의식할 수 없는 상태가 된다는 사실에서 우리는 다음과 같은 단순한 결론을 얻게 된다.

읽는 사람이 편견과 왜곡을 감안하지 않으려 한다면 쓰는 사람이 그것들을 감안해야 한다.

우리는 읽는 사람이 커뮤니케이션의 다음 2가지 요소에 어떻게 반응할 것인지를 이해하고 예측해야 한다.

메시지 내용
글쓰기 스타일

우리가 2가지 요소를 모두 고려할 때에만 왜곡됨 없이 읽는 사람의 렌즈를 통과하는 편지의 초안을 작성할 수 있다.

요약과 행동 포인트

1. 글로 적는 말은 입으로 하는 말과 근본적으로 다르다.

• 기록된 글은 책임이 따르며 분실되거나 파기되기 전에는 계속 남는 다. 복사와 배포가 가능하고 법적 구속력이 있기도 하지만 덜 개인 적이고 덜 친밀할 수 있다.

• 입으로 한 말은 법적 구속력이 덜하다. 기억이나 구두 전달에 의해 왜곡되기 쉽다. 그러나 보다 상호적이고 개인적이며 친밀하다.

2. 사람들이 당신의 글을 읽을 때 그들의 경험과 편견이라는 필터가 당신이 의도했던 의미를 왜곡할 수 있다.

3. 커뮤니케이션을 명확하게 하려면 읽는 사람이 글의 스타일과 내용에 대해 보이게 될 반응을 이해하고 예측할 필요가 있다.

연습 문제

최근에 당신이 받은 편지 하나를 찾아내고 당신이 그 내용을 처음 읽었을 때 어떤 렌즈와 필터를 사용했는지 알아보자.

3

독자 이해하기

읽는 사람으로 하여금 편견을 버리게 하려면 그 사람에 대한 다음의 4가지 사항을 알아야 한다. 나는 이것들을 '4Ps'라고 한다.

- **성격**(personality)
- **편견**(prejudice)
- **압력**(pressures)
- **위치**(position)

우선 성격은 사람들이 정보를 주고받는 방법, 즉 커뮤니케이션 스타일을 좌우한다.

그리고 개인의 경험과 신념, 태도에 의해 만들어지는 것이 편견이다. 그중 일부는 우리가 이미 알고 있거나 알아낼 수 있는 것이다.

다음으로 사람들에게 가해지는 압력은 커뮤니케이션이 벌어지는 정황에서 비롯된다. 즉 글을 받아 든 시점에 어떤 일이 벌어지느냐에 따라 읽는 이가 받는 압력이 달라진다. 또한 근무하는 직장의 문화, 즉 회사나 직장 동료의 기대에 의해 압력의 정도가 더욱 커지기도 한다.

마지막으로 위치는 자신의 생각이나 행동에 대해 상대가 바라는 변화에 대한 입장을 말한다.

이제 이 4가지 사항에 대해 좀 더 자세히 살펴보자.

성격

인간은 저마다 다 다르며 또한 그 점을 자랑스럽게 여긴다. 개성을 마치 명예로운 훈장처럼 달고 다니는 사람도 있다. 개성은 경쟁력 있는 자산이다. 경영 분석가 피터 드러커(Peter Drucker, 1909~2005)에 의하면, "개인은 우리 사회의 가장 중요하고 가장 희귀하고 가장 소중한 자원이다."

우리는 이러한 개성을 마음껏 발산할 수 있다. "우리 모두는 서로 다른 개성을 지닌 하나의 인격체가 될 권리가 있으며, 또 그렇게 되어야 할 의무가 있다는 사실을 늘 명심해야 한다." 이렇게 역설한 인물은 미국의 퍼스트 레이디였던 엘리너 루스벨트(Eleanor Roosevelt, 1884~1962)다.

하지만 성격은 우리의 커뮤니케이션 방식에 막대한 영향을 미친다.

사람들은 정보를 받아들일 때 자신이 전달하고자 하는 방식과 거의 동일하게 받아들이고 싶어 한다.

개성이 다양한 만큼 주파수 또한 다르기 때문에 송신만 하고 수신은 하지 않는 것처럼 보인다. 그렇다면 어떻게 커뮤니케이션을 할 수 있을까?

다행히 우리는 생각만큼 그리 많이 다르지는 않다. 크게 보면 우리 모두는 식별이 가능한 4가지 범주 안에 들어갈 수 있다. 이렇게 범주를 구분하면 서로의 커뮤니케이션 취향을 훨씬 더 쉽게 파악할 수 있다. 그리고 읽는 사람의 취향에 맞추어 적당한 말을 고를 수 있는 더 좋은 기회가 우리에게 주어진다. 대기업에 근무한 적이 있거나 면접을 보러 간 적이 있는 사람들은 MBTI, DISC, Personalysis, Emergenetics(성격 측정 도구)를 접해 보았을 것이다. 거의 같은 목적으로 고안된 이러한 도구들은 각자의 개인 취향을 조사해 간단한 분석표를 만든 다음 특정 상황에서 어떻게 행동할지 예측할 수 있도록 하는 것이다. 이 과정에서 각자가 좋아하는 커뮤니케이션 방식이 드러난다.

이러한 연구는 인간의 성격을 내향성과 외향성이라는 2가지 부류로 구분했던 심리학자 카를 구스타프 융(Carl Gustav Jung, 1875~1961)으로부터 시작되었다. 이후 캐서린 브리그스와 이사벨 브리그스 마이어스는 융의 연구를 16가지로 세분화한 마이어스-브리그스 성격 유형 지표(MBTI; Myers-Briggs Type Indicator)를 작성하였다.

이들의 관찰 내용은 놀라울 정도로 정확하다. 그러나 여기서 모두 다루기에는 16가지 유형이 너무 많으므로 좀 더 단순한 HBDI(Herrmann Brain Dominance Instrument: 허만 두뇌우성 측정 도구)라는 성격 분석 시스템을 사용할 것이다. 골치아플 것이라고 지레짐작할 필요는 없다. HBDI는 인력 개발 분야에서 가장 간편한 분석 도구 중의 하나다.

이 시스템은 교육 심리학자 네드 허만(Ned Herrmann)에 의해 개발되었다. 가장 유명한 2가지 이론을 살펴본 그는 양자를 결합하면 팀워크와 커뮤니케이션을 향상시키는 데 도움이 되는 간단한 모델을 만들어 낼 수 있음을 깨달았다. 그 이론의 탄생 배경을 간략히 살펴보면 좀 더 쉽게 활용할 수 있을 것이다.

1950년대에 캘리포니아에서 활동하던 심리 생물학자 로저 스페리(Roger Sperry, 1913~1994) 박사는 좌뇌와 우뇌 개념에 대한 이론을 발표해 널리 인정받았다.

과학자들은 오래전부터 인간의 두뇌가 2개의 반구로 나뉘어 있다는 사실을 알고 있었다. 그런데 스페리 박사는 이들 두 반구가 개별적으로 담당하고 있는 다양한 기능들을 밝혀냈으며 이 공로를 인정받아 1981년에 노벨 의학상을 수상했다.

이 그림은 그가 두 반구의 역할을 어떻게 구분했는지 보여 준다. 그에 의하면 좌뇌는 주로 이성적인 역할을 하며 분석, 산수, 조직, 언어를 관장한다. 우뇌는 시각화, 공간 지각, 미의식, 감정에 집중적으로 관여한다.
이러한 개념이 우리 언어 속에 들어와 창의적인 사람들을 '우뇌 중심', 논리

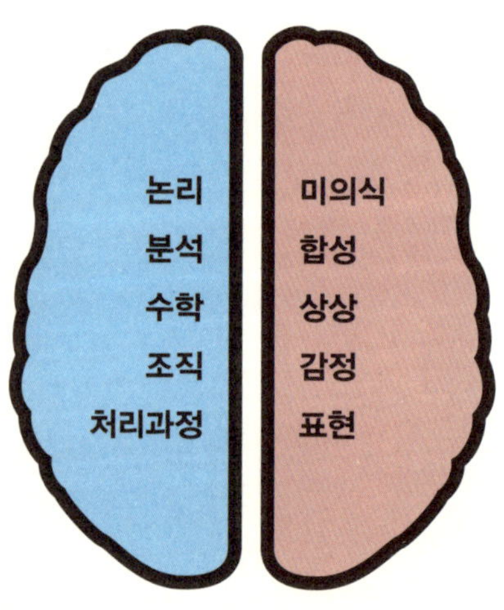

스페리 박사가 주장하는 뇌의 구조

적인 사람들을 '좌뇌 중심'이라고 관용적으로 묘사하고 있다.

스페리 박사는 다음과 같은 말도 했다.

무언가를 선택해야 할 경우 개인의 취향이 드러나게 된다.

사람들은 흔히 양손 가운데 한 손을 즐겨 사용하고 공놀이를 할 때도 한쪽 발을 즐겨 사용한다. 두뇌의 경우도 이와 마찬가지다. 즉 좌뇌와 우뇌 중 어느 한쪽을 더 즐겨 사용한다.

이것이 사실이라면 누군가를 분석하고자 할 때 '좌뇌 중심인지 우뇌 중심인지'를 알아낸 다음 분석을 시작하고, 그러는 가운데 몇몇 유용한 관찰을 하게 될 것이다.

그러나 이보다 더 많은 것을 우리는 할 수 있다. 메릴랜드 주에 있는 두뇌 진화와 행동 연구소(Laboratory of Brain Evolution and Behavior)의 소장이었던 두뇌 연구자 폴 맥클린(Paul MacLean, 1913~2007)은 이와 전혀 다른 개념을 만들어 냈다. 즉 두뇌의 삼위일체 모델을 발표한 것이다.

그는 두뇌를 좌우가 아니라 상하로 구분하여 인간의 두뇌가 진화한 방식을 연구했다.

인류는 약 2억 년 전에 '파충류의' 두뇌를 갖고 세상에 나타났다. 이 두뇌는 신체의 필수적인 기능을 관장하고, 또한 포식자들을 피해 목숨을 부지하는 데 필요한 '투쟁 및 도주'의 기제를 제공해 주었다.

척수의 맨 꼭대기에 자리 잡은 파충류의 뇌는 지금도 같은 자리에 남아 있으나, 1억 4000만 년 후 새로운 요소가 추가되었다. 바로 포유류의 뇌인 '가장 자리 계통(변연계)'이다. 가장자리 계통은 새롭고 흥미로운 특성과 능력을 가져다주었는데, 그중에서 가장 주목할 만한 것이 감정이었다. 새로 추가된 이 요소로 인해 감정을 느끼게 된 인류는 과거 파충류 수준의 냉담한 행동을 버리고 자식들을 돌보며 공동체를 이루기 시작했다.

진화는 계속되어, 인류의 뇌에는 신피질(neocortex)이라는 또 하나의 확장 부위가 더해졌다. 수백만 년 전의 일이다. 옛날 뇌의 꼭대기에 만들어진 이 새로운 부위가 현재는 우리 두뇌의 전체 용적 가운데 80퍼센트를 차지하고 있다. 신피질은 지적 기능을 관장한다. 생각을 하고, 언어로 의사를 전달하고, 음악을 창조하고, 즐기고, 사물의 의미를 숙고할 수 있는 능력을 부여하는 이 부위로 인해 인류는 다른 모든 영장류와 구별된다.

일반적으로 '머리'라 할 때는 신피질을, '마음'이라고 할 때는 포유류의 뇌, 즉 감정을 느끼는 변연계를 가리킨다.

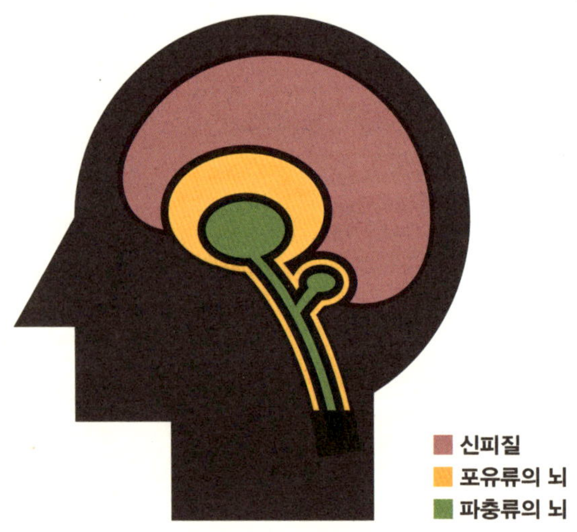

매클린이 제시한 뇌의 구조

왼쪽 그림에서는 뇌의 3가지 구조가 어떤 식으로 되어 있는지를 보여 준다. 이 책의 목적상 파충류의 뇌는 무시한다. 이 부분의 기본적인 기능은 우리의 커뮤니케이션 방식을 이해하는 데는 별로 상관이 없다.

이 부분을 빼고 나면 아래쪽에 있는 포유류의 뇌인 가장자리 계통과 위쪽에 있는 신피질이 남는다. 오른쪽 그림은 두 부분의 각기 다른 특성을 보여 준다. 스페리 박사의 모형에서 보이는 두뇌의 이러한 이중성 때문에 우리에게 선택의 여지가 남게 되고 한쪽을 더 좋아하게 되는 것이다. 실제로도 그러하다. 자신의 감정보다 지적 능력을 선호하는 사람이 있는가 하면 정반대의 경향을 보이는 사람도 있는 것이다.

다음과 같은 질문으로 독자 분석을 다시 한 번 시작할 수도 있을 것이다. "이 사람은 자신의 생각과 감정 중에서 어느 쪽을 더 신뢰하는가? 머리와 마음

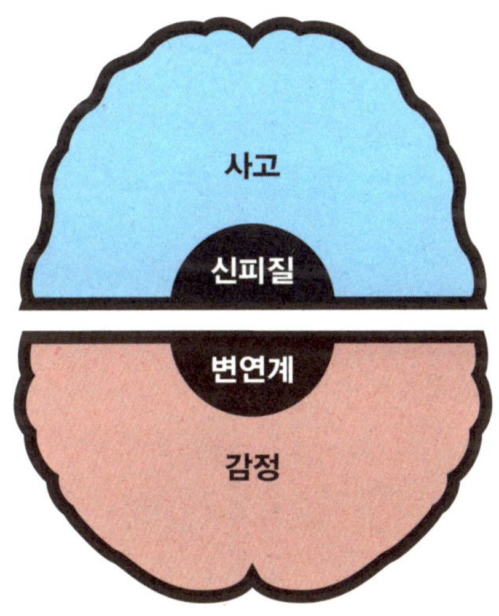

매클린이 제시한 두 부분으로 구성된 두뇌 모형

어느 쪽에 귀를 기울이는가?" 이러한 질문을 하는 가운데 가치 있는 관찰을 할 수 있을 것이고 이를 지침 삼아 우리 자신을 어떻게 표현할지 결정할 수 있을 것이다.

그러나 네드 허만은 다르게 보이는 이 두 이론을 연구한 결과 양자를 결합시켜 하나의 통합 모델을 만들 수 있다는 것을 깨달았다. 이 통합 모델로 글을 읽는 사람이 당신의 정보를 어떤 식으로 전달받고 싶어 하는지를 아주 명확히 알 수 있다. 허만은 매클린의 이론과 스페리의 이론을 조합하여 아래의 그림과 같은 개념을 만들어 냈다. 그는 좌뇌와 우뇌, 위쪽 뇌와 아래쪽 뇌를 함께 모아 놓았다.

이제 각각 다른 색으로 표시된 4가지 사분면을 볼 수 있다. 일단 당신의 글을 읽는 사람이 사분면의 어디에 속하는지 알고 나면 이 시스템은 매우 신속하고 즉각적으로 활용될 것이다.

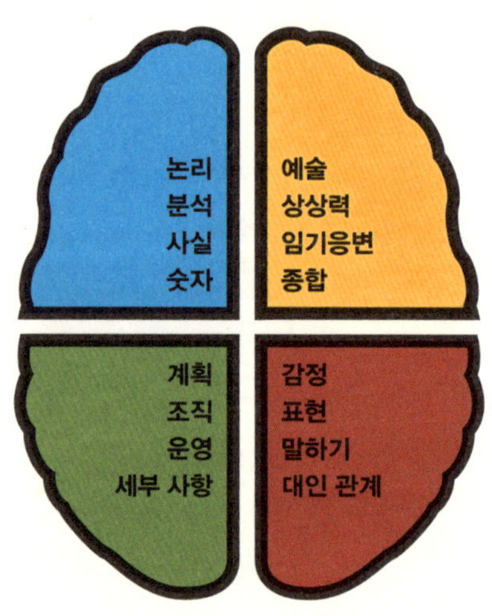

허만이 제시한 두뇌의 모형

파란색 사분면

왼쪽 위의 사분면은 좌뇌의 논리력과 위쪽 뇌의 지성이 결합한 곳이다. 이 사분면에서 활동하기를 선호하는 사람을 우리는 '분석가(analyzer)'라고 부를 것이다.

어떻게 분석가를 찾아낼 것인가?

쉬운 일이다. 분석가는 냉정해 보인다. 다른 사람의 감정에는 전혀 관심이 없고 오로지 사실만을 원한다. 이런 사람을 대상으로 글을 쓸 때는 추천 사항을 전면에 제시하고 정보는 최대한 간결 정확해야 하며 아이디어는 근거가 있고 구체적이어야 한다. 시시콜콜한 얘기나 뜬구름 잡는 얘기는 필요 없다. 정확한 수치를 제시하라.

분석가는 세부 사항과 정확성에 집착하기 때문에 글의 내용은 물론 각종 그래프와 차트를 꼼꼼히 살펴볼 것이다.

커뮤니케이션을 시작할 때는 상투적인 말이나 고상한 말은 집어치우고 예의를 갖추되 바로 본론으로 들어가도록 한다. 그들은 건강이나 가족 휴일 따위에 대한 질문에는 답을 하고 싶어 하지 않으며 그렇게 하지도 않을 것이다. 분석가가 어떤 유형인지 파악이 되는가?

다음 사분면으로 넘어가기 전에 파란색 사분면의 분석가 유형에 가장 잘 들어맞을 것 같은 5명을 머릿속에 떠올려 보자.

초록색 사분면

왼쪽 아래의 초록색 사분면은 좌뇌의 논리와 아래쪽 뇌 가장자리 계통의 감정이 결합된 곳이다. 이 사분면에 속하는 사람은 '보호 관리'를 선호하는 '조직가(organizer)'로서 쉽게 식별할 수 있다.

태생적으로 위험을 혐오하고 일처리를 한 번에 한 단계씩 하는 것을 선호하므로 체계와 과정을 무척 중시한다. 그들은 숟가락으로 떠먹여 주는 정보를 좋아한다.
모호함과 불확실성을 싫어하고 모험을 하지 않는다.
조직가의 장점은 언제나 자기 일에 정통하다는 것이다. 적극적으로 감정을 표현하는 그들은 다른 사람의 감정과 노력을 존중하고 감사한다.
그러나 때로는 지나치게 꼬치꼬치 따지고 드는 단점이 있다.

이런 특징이 있는 사람 5명을 떠올려 보자.

노란색 사분면

오른쪽 위의 사분면은 우뇌의 상상력과 위쪽 뇌 신피질의 지성이 만나는 곳이다. 이러한 사고 성향을 함께 지닌 사람이 '탐험가(explorer)'다.

노란색 사분면의 탐험가는 초록색 사분면의 과정에 집중하는 조직가와 정반대의 성향을 보인다. 따라서 탐험가가 단계별 설명을 싫어하는 것은 전혀 놀랄 일이 아니다. 이들은 우선 전체 그림을 보고 나서 개념적 틀이 주어지기를 원한다. 그렇게 함으로써 기존의 지식과 자료에 구애받지 않고 대상을 탐색할 수 있기 때문이다.

탐험가는 사실과 수치보다 머릿속에 떠오르는 이미지를 더 좋아하며 즉흥적인 것과 실험적인 것을 좋아한다. 노란색 사분면은 창의적인 사고를 하는 사람들이 많은 곳이다.

탐험가는 일을 시작하는 데는 능숙하지만 마무리하는 데는 미숙하다. 그래서 글로 하는 커뮤니케이션에는 짜임새가 없지만 아이디어와 열정은 차고 넘친다.

당신이 알고 있는 노란색 탐험가 5명을 지명해 보라.

빨간색 사분면

오른쪽 아래에 있는 빨간색 사분면은 우뇌의 상상력과 아래쪽 뇌의 감정이 함께 작용하는 곳이다. 여기에 해당하는 사람은 '감성주의자(sensor)'다.

감성주의자의 성향은 파란색 사분면의 분석가와 정반대다. 분석가는 사실이나 수치 자료에 관심이 많지만 감성주의자는 오로지 사람과 감정에만 관심을 갖는다.

열의가 넘치는 그는 당신이 어떤 글을 써 보내든지 즉시 반응할 것이다. 그와 편지를 주고받는 일은 탁구를 하는 것과 같다. 감성주의자는 편지 주고받기를 좋아한다.

감성주의자는 직접 만나 커뮤니케이션하기를 좋아하며 자료나 차트, 도표가 너무 많으면 괴로워한다. 감정이 고조되면 글만으로는 그것을 표현하기에 부족하기 때문에 글로 하는 커뮤니케이션에 강하지 못하다. 무척 열정적이지만 인간적인 문제에 방해가 되는 사실에 직면하면 쉬 짜증을 내고 때로는 분노로 표출하기도 한다.

그러나 감성주의자는 항상 상대의 감정에 신경을 쓴다. 상대의 건강과 가족 휴일에 대해 알고 싶어 할 것이므로, 그에게 보내는 편지는 개인적인 내용으로 시작하는 것이 좋다.

머릿속에 감성주의자 5명을 떠올려 보자.

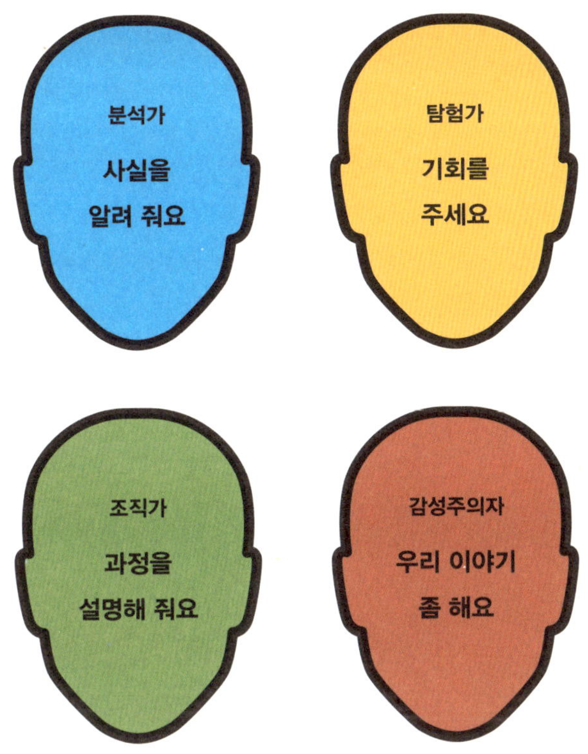

위 4가지 색의 머리들은 각자 다른 유형의 성격이 당신에게 바라는 커뮤니케이션 방식에 대한 아이디어를 제공해 준다. 앞으로 우리는 당신의 성격 유형을 살펴보고 그것이 당신의 글을 읽는 사람들과 어떤 관련이 있는지 그리고 당신이 글을 쓸 때 자신의 타고난 성향을 어떻게 조절할 수 있는지 살펴보겠다.

당신은 이처럼 다양한 개성을 지닌 사람들이 모인 집단에게 편지를 써 보내야 할 경우가 자주 생긴다.

그럴 때는 모든 사람이 공감하면서도 특히 핵심이 되는 의사 결정권자가 만족할 만한 내용이 담기도록 편지를 작성해야 한다.
간단한 편지를 예로 들어 사분면 각 유형들의 취향에 맞도록 하려면 어떤 식으로 다시 써야 하는지를 살펴보자.

당신은 주문 받은 상품의 배송이 지연되는 이유에 대해 설명하는 편지를 고객에게 보내야만 하는 상황이다. 당신은 현재 중국에서 부품이 선적되기를 기다리는 중이다. 그런데 폭풍과 홍수가 발생하여 도로 통행이 불가능해졌다. 그러므로 새로운 배송 예정일을 알려 주고 배송 지연에 대해 사과해야만 한다.

블루 씨,

3월 14일 배송 예정이던 귀하의 주문품 75545번이 지연된 데 대해
안내 말씀을 드립니다.

저희가 선적한 물품은 8일에 우한(武漢)을 출발했지만 그 도시의 남
쪽 지역에서 발생한 홍수로 운송이 중단되었습니다. 그래서 저희
회사의 운송업체인 JTC는 중국 철도로 화물을 옮겼습니다.

주문품은 홍콩을 통해(홍콩 사무소에서 보내 온 화물 인수증을 첨부합니다) 캐
세이 퍼시픽 CX779 항공편으로 공수될 예정이며 도착 즉시 공항에
있는 저희 회사 물류 창고에서 직접 배송해 드리겠습니다. 예정일
보다 8일 지연된 3월 22일에 배송될 예정임을 알려드리며 다시 한
번 사과 말씀 드립니다.

궁금하신 사항이 있으면 즉시 전화 주십시오.

감사합니다.

그린 씨,

귀하의 75545번 주문품의 배송이 8일간 늦어진다는 소식을 알려드리게 되어 유감입니다.

이렇게 불편을 끼쳐드린 것에 대해 진심으로 사과드리며 배송이 늦어진 이유와 3월 22일에 물건을 받으실 수 있도록 저희가 취한 조치에 대해 설명해 드리고자 합니다.

저희 회사의 운송 업체인 JTC는 3월 8일에 귀하의 주문 부품들을 싣고 다음날 우한을 떠났습니다. 그러나 그 도시의 남부 지역에 발생한 대홍수로 도로 통행이 불가능해지는 바람에 운송 트럭들은 저희 물류 창고로 돌아갈 수밖에 없었습니다. 발송부장인 리 씨는 화물을 중국 철도로 옮기기로 결정했습니다. 주문품은 13일 마카오(Macao)에 도착해 세관 검사를 받고 15일에 홍콩에 도착하여 17일에 캐세이 퍼시픽 항공편으로 운송될 예정입니다.

귀하께서는 22일 오후에 사무실에서 물건을 받으실 겁니다.

배송 상황 조회를 원하신다면 저희 사이트로 오셔서 조회 번호 444888번을 입력해 주십시오.

더 궁금하신 사항이 있으면 지체 없이 전화 주시기 바랍니다.

감사합니다.

존 옐로우 씨,

귀하의 주문품이 현재 우한 남부의 홍수 사태로 발이 묶여 있다는 소식을 알려드리게 되어 대단히 유감입니다. (그곳의 상황이 이곳 언론에는 별로 뉴스가 되지 않고 있지만 www.newsdaily.com/wuhan/floods에 접속해 보시면 그 지역이 얼마나 끔직한 상황에 처해 있는지 보실 수 있습니다.)

저희는 귀하에게 가능한 한 빨리 화물을 전해 드리려고 여러 가지 운송 방식을 검토해 보았습니다. 우한에서 항공편으로 직접 공수할 수도 있고 마카오까지 철도로 운송한 다음 홍콩발 캐세이 퍼시픽 항공편으로 연결할 수도 있습니다. (두 번째 방법이 가장 좋을 것으로 보이며 배송일은 22일이 될 것 같습니다.)

아니면 상황이 나아지기를 기다렸다가 애초의 배송 계획에 따라 운송할 수도 있습니다. 새로운 배송 일정이 나오는 대로 다시 연락드리겠습니다.

함께 의논하며 저희의 대안들을 검토하고 귀하에게 가장 바람직한 행동 방침을 결정해 주시기 바랍니다.

감사합니다.

존 레드 씨,

귀하가 주문하신 기계 부품의 배송이 지연되는 점에 대해 깊이 사과드립니다. 이 문제로 귀하와 귀하의 팀에 불필요한 고통을 안겨 드리고 있음을 잘 알고 있습니다. 그리고 문제 해결을 위해 저희가 최선의 노력을 다하고 있음을 귀하에게 확신시켜 드리고 싶습니다.

아시다시피 주문품은 우한에서 육로로 운송될 예정이었습니다. 그러나 안타깝게도 그 도시의 남부 지역이 홍수로 인해 재해 지역으로 선포되었고 수백 가정이 집을 잃었습니다. 운송 트럭이 그 지역을 무사히 통과할 방법이 전혀 없어 기사가 차를 되돌리는 현명한 결정을 내렸습니다.

발송부장인 리 씨는 밤새워 일하며 화물을 중국 철도로 가져가는 데 전력을 기울였습니다. 아주 힘겨운 상황에서도 그들은 도움이 될 수 있는 모든 일을 하고 있습니다. 그들은 컨테이너가 마카오에 무사히 도착할 것이며 그곳에서 홍콩으로 옮겨져 항공편으로 이곳으로 운송될 것이라고 알려 주었습니다.

저희는 22일에 귀하에게 배송되기를 희망합니다.

저희가 더 도와드릴 일이 있다면 부담 없이 전화 주시기 바랍니다. 사무실이나 제 휴대폰(012-345-6789)으로 연락 주십시오.

감사합니다.

앞의 4가지 편지들은 저마다 강조하는 내용이 다르다. 블루 씨에게는 사실 위주로, 그린 씨에게는 사건 전개 과정에 대한 염려 위주로 씌어졌으며, 옐로우 씨에게는 여러 가지 방법이 있음을 강조했고, 레드 씨에게는 인간적인 문제를 부각시켰다.

편견

앞장에서 살펴보았듯이 편견은 경험과 생각이 쌓여 생겨난다. 글을 읽는 사람은 이로 인해 눈에 보이지 않는 필터나 렌즈를 쓰게 된다. 글을 읽는 사람은 그것을 의식하지 못하더라도 글 쓰는 사람은 그것을 볼 수 있으며 보아야만 한다.

스스로에게 이러한 기본적인 질문을 던져 보자. 이 질문을 글쓰기 준비 과정의 일부로서 생활화하는 것이 바람직하다.

사람들이 내가 쓴 메시지에 공감하지 않을 수도 있다면 그 이유는 무엇인가?

아주 간단한 예를 하나 들어 보자. 당신은 급여 인상을 요청하는 편지를 상사에게 쓰고 있다. 상사가 당신의 요청에 공감하지 않을 수도 있다면 이유가 무엇인가?

> 1. 당신이 개인적으로 어떤 기여를 했는지 그는 알지 못한다.
> 2. 당신이 일을 잘했다는 것은 알지만 급여를 인상해 준 지가 얼마 되지 않았다.

3. 회사의 수익이 감소하고 있으므로 당신의 급여 인상을 검토할 까닭이 없다고 생각한다.

4. 당신을 함께 일하기 좋은 사람이라고 생각하지만 당신의 업무 능력은 높게 평가하지 않는다.

5. 당신이 회사에서 하는 역할을 과소평가한다.

6. 당신의 급여와 똑같은 액수의 돈으로 당신을 대신할 사람을 쉽게 구할 수 있다는 것을 그는 알고 있다.

7. 그는 연말에만 급여 인상을 검토한다.

8. 그는 당신의 성공을 다른 사람이나 팀 전체의 공이라고 여긴다.

9. 당신에게 신경 쓸 겨를이 없을 만큼 그가 지금은 너무 바쁘다.

10. 그는 윗사람들에게 자신이 깐깐하며 비용 절약에 힘쓴다는 인상을 주려고 한다.

이러한 10가지 이유에 대처하려면 10가지 확실히 다른 편지를 써야 한다. 초보적인 소리로 들리겠지만 사실이다. 우리는 자신의 글을 읽는 사람들이 지닌 편견을 간과하는 경우가 놀랄 정도로 많다. 우리도 그들과 마찬가지로 우리만의 렌즈를 통해 세상을 바라보고 있기 때문이다.
당신에게는 급여 인상을 요구할 만한 아주 그럴듯하고 합당한 이유들이 있을 것이다. 그러나 그것들을 무가치하거나 엉뚱한 것으로 만들어 버릴 수 있는 편견들을 고려하지 않는다면 아무리 나열한들 효과가 없을 것이다.

앞의 질문에 대답하는 데는 시간이 오래 걸리지 않지만 읽는 사람의 마음속에 들어가 당신이 극복해야 할 장애물들의 일부를 예상하는 데 많은 도움이 될 것이다.

압력

당신이 쓴 글을 읽는 사람이 당신이 하는 말에 개인적으로 어떤 생각을 하든 상관없이 그는 당신의 메시지와 전혀 관계없는 압력들에 영향을 받을 것이다.

이러한 압력들도 당신이 하고자 하는 말과 의미를 왜곡시킨다. 압력들은 2가지 부류로 구분할 수 있으며 우리는 이것들을 각각 '문화'와 '정황'이라고 부를 것이다.

● 문화(Culture)

모든 조직에는 2개의 문화가 있다. 바로 공식적인 문화와 숨겨진 문화다.

조직에서 선전하는 공식적인 문화는 그 조직의 브랜드 가치를 반영한다. 예를 들어 애플(Apple)의 공식 문화는 무엇보다 혁신과 디자인을 중시하는 것이다. 그래서 이 회사의 슬로건은 "다르게 생각하라"다. 버진 애틀랜틱(Virgin Atlantic)의 공식 문화는 "혁신적이고 재미있으며 돈 값어치를 하는 멋진 고객 서비스"를 제공하는 것이다. 그들은 자칭 소비자 챔피언이다. 프록터 앤드 갬블(Proctor & Gamble)은 "전 세계 소비자 삶의 질을 향상시킬 수 있는 최고의 제품을 제공"하고 싶어 한다. 그들의 문화는 '리더십, 정직성, 신뢰, 승리에 대한 열정'이라는 기치를 내걸고 있다.

한 회사의 공식 문화는 쉽게 알아낼 수 있다. 회사의 출판물과 연간 보고서를 읽어 보거나 내가 했던 것처럼 구글에서 회사 이름과 경영 이념을 함께 검색해 보면 된다. 내가 애플, 버진, 프록터 앤드 갬블의 공식 문화와 가치를 알아내는 데는 5분도 채 걸리지 않았다.

당신이 이 회사들 중 한 곳에 편지를 보내려고 한다면 당신의 관점이 그 회사만의 시각과 일치한다는 것을 내용이나 스타일을 통해 잘 드러내는 것이 현명하다. 불만을 제기하거나 담판을 지으려는 경우가 아니라면, 당신도 그 회사 문화의 가치에 공감하고 있다고 생각하도록 글을 써야 할 것이다.

그러나 숨겨진 문화는 별개의 문제로 베일 속에 가려져 있다. 회사의 웹사이트나 CEO의 연례 보고서에서는 절대 그것을 찾을 수 없다.

숨겨진 문화가 실제 모습이다.

때로는 공식 문화와 숨겨진 문화 사이에 커다란 차이가 나기도 한다.

광고 일을 할 때 한 일용 소비재 브랜드 회사에 근무한 적이 있는데, 이곳의 공식 문화는 혁신과 참신한 사고에 보상해 주는 것이었다. 법률 소송을 피하기 위해 회사의 이름을 '블로고'라고 해 두자. 블로고는 고객 만족에 힘쓰는 한편 회사가 새로운 것들을 시도하려는 의욕을 바탕으로 설립되었다는 믿음을 고객에게 심어 주기 위해 많은 노력을 기울였으며, 언제나 신제품 개발과 마케팅 활동에서 첨단을 달리는 듯한 인상을 주고 싶었다.

그러나 내 경험으로 볼 때 사실은 좀 달랐다. 그 회사의 전성기는 이미 지나가 버렸다. 한때는 진취적이고 성공적이었지만 불경기 때 위험을 회피하는 쪽으로 극도로 퇴보했다. 그곳의 숨겨진 문화는 두려움의 문화였다. 경영진의 대부분은 성공의 열매를 좇기보다는 실패를 피하기에 급급했다. 결과적으로 새로운 아이디어는 더 보수적인 접근법에 밀려 폐기되기 일쑤였다.

당신이 블로고의 고위직 인사에게 편지를 보낸다고 상상해 보자. 당신은 기업의 슬로건을 들먹이며 공식적인 문화만을 인정할 수도 있다. 당신의 편지에서 혁신과 전향적 사고라는 가치들을 지지할 수도 있다. 그러나 글을 읽는 사람이 처해 있는 현실에서 당신이 완전히 동떨어진 입장에 있을 수도 있다는 것이 문제다.

반면에 공개적으로 숨겨진 문화를 인정했다가는 자기 발등을 찍는 우를 범할 수도 있다. 이러한 문화는 한 가지 이유 때문에 숨겨져 있는 것이다. 그 조직은 그러한 부정적인 가치로 세상에 비쳐지기를 원하지 않는 것이다. 문제는 그 회사 사람이 당신의 편지를 살펴볼 때 바로 그러한 부정적인 가치를 필터로 사용한다는 점이다.

당신은 줄타기를 하고 있는 것이다.

당신의 편지는 공식적인 문화의 미덕을 포용하는 동시에 숨겨진 문화의 현실을 미묘하게 받아들여 완벽한 균형을 유지해야만 한다.

그렇게 할 때에만 당신의 메시지가 상대방의 근무 환경에 따른 편견에 의해 왜곡되지 않고 전달될 수 있다.

● 정황(Context)

문화가 직장에서 가해지는 유일한 압력은 아니다. 당신이 쓴 글을 읽는 사람의 마음속에는 최근에 일어난 일들이 가장 생생히 남아 있다. 당신의 커뮤니케이션을 계획하기 전에 이런 간단한 질문을 해 보자. '요즘 내 글을 읽을 사람에게 무슨 일이 일어나고 있지?'

직업적인 면은 물론 개인적인 면도 고려해야 한다. 예를 들어 당신이 고객에게 자세한 내용을 담은 장문의 제안서를 써 보낸다고 상상해 보자. 당신의 제안은 비용이 많이 드는 것이지만 높은 투자 수익을 얻을 수 있음을 증명할 자료는 충분하다.

그 고객에게 다음과 같은 일이 일어난 것을 알게 되었다면 당신의 글은 어떤 영향을 받게 될 것인가?

- **그녀의 회사는 얼마 전에 기록적인 연말 수익 실적을 발표했다.**
- **그녀의 회사는 심각한 슬럼프에 빠져 있으며 언론의 혹평을 받고 있다.**
- **그녀는 얼마 전에 셋째 아이를 출산했다.**
- **그녀는 승진을 앞두고 있다.**

문화의 경우와 마찬가지로 여기에서도 각 경우마다 확실히 다른 편지를 써야 할 것이다. 최상의 수익을 기록한 해라면 장밋빛 꿈에 부풀어 있을 고객을 공략하기에 절호의 기회일 것이다. 끔찍한 한 해를 보냈다면 당신의 제안은 아주 안전하고 위험 요소가 전혀 없다는 점을 부각시켜야 한다. 아기를 돌보느라 눈코 뜰 새가 없고 수면 시간이 부족한 상태라면 메시지를 단순하게 하고 그녀의 시간과 주의집중 범위에 신경을 써야 할 것이다. 그리고 고객이 승진을 앞두고 있다면 근무 부서의 계획을 알아내어 후임자의 도움을 얻는 것이 현명하다.

이런 단순한 예들은 아주 단순한 한 가지 요점을 나타낸다.

당신의 편지 내용은 전혀 관계없는 사건의 영향을 받을 수 있다.

글쓰기를 시작하기 전에 어떤 사건들이 있는지 알아내도록 노력하자. 그리고 그것들을 참고할 태세를 갖추자.

위치

글을 쓰는 목적이 읽는 사람을 설득해 생각이나 행동을 바꾸려는 것이라면 그가 시소 위에 앉아 있다고 상상해 보자. 시소의 한쪽 끝은 당신의 글에 대한 전적인 승인을 나타내고 반대쪽 끝은 거부나 무관심을 나타낸다. 중간 지점은 어느 한 방향으로 기울기 직전의 극적인 순간이다.

설득 과정은 시소 위에 있는 독자가 이 중간 지점을 넘어오도록 자리를 옮기게 만드는 것이다. 이런 일은 단숨에 이루어지지 않는다. 단계별로 한 번에 한 단계씩 진행되어야 한다.

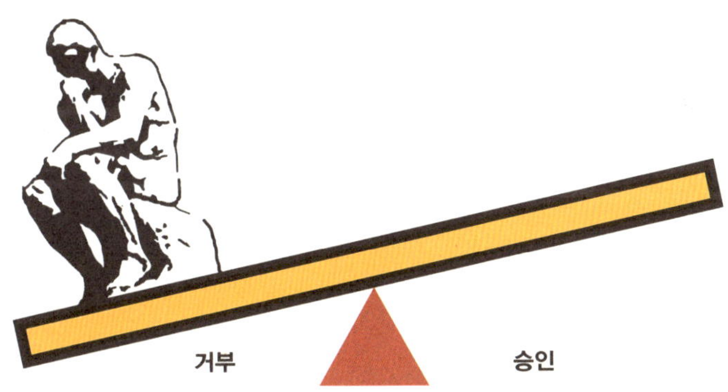

아래의 그림은 당신의 글을 읽는 사람이 거부에서 승인으로 옮겨 가기 위해 거쳐야만 하는 변화 단계들을 보여 준다. 심리학자였던 제임스 프로차스카(James Prochaska)와 찰스 디클레멘트(Charles DiClemente)가 개발한 이 모델은 변화의 범이론적 모델(Transtheoretical Model of Change)이라고 불린다. 제임스와 찰스는 중독 행동 분야에서 활동했으며 특히 금연을 위한 설득에 관심이 있다.

이들은 다음과 같은 뚜렷한 5단계 변화를 발견했다.

1. 계획 전 단계

2. 계획 단계

3. 준비 단계

4. 행동 단계

5. 유지 단계

이 모델은 모든 설득 과정, 특히 저항이 따르는 과정에 적용된다.

나는 25세의 젊은 남성이고 당신이 생명 보험 회사의 직원이라고 상상해 보자. 당신은 나같이 건강한 남성에게 특별한 혜택을 주는 보험이 있다는 사실을 편지로 알려 준다. 보험료도 저렴하고 실용적이어서 괜찮은 제안이다. 그러나 나는 편지를 절반 정도 훑어보다가 쓰레기통에 던져 넣는다.
무엇 때문일까? 글의 구성도 좋고 내용도 유익하다. 나는 왜 그렇게 깊이 생각해 보지도 않고 거부해 버렸을까? 이유는 바로 내가 시소의 왼쪽 끝인 1단계, 즉 계획 전 단계에 있기 때문이다.

나는 당신이 하는 제안을 받아들일 가능성이 없다. 사실 제안을 아예 듣지 않고 있는 것이다. 25세인 나는 건강하며 영원히 살 것처럼 생각한다. 나는 당신이 필요하지 않고 관심도 없다.

그러다가 내가 한 여자를 만나 결혼을 결정한다. 결혼을 앞둔 우리는 미래에 대해 많은 대화를 나눈다. 여기에는 돈이 필요하다. 출산 문제도 이야기한다. 여기에도 또한 돈이 필요하다. 집 문제에 대해서도……. 역시 돈이 필요하다. 결혼한 친구들은 교육비, 피복비 등에 대해 이야기해 주기 시작한다. 얼마 지난 후 나는 시소에서 오른쪽으로 한 단계 옮겨 간다. 이제 나는 2단계인 계획 단계에 있다. 재정 설계가 갑자기 관심거리로 떠오른다. 그동안 돈을 따로 저축했어야 했건만, 나는 지금껏 아무것도 하지 않았다. 아마도 꾸물거리고 미루며 한동안 계획 단계에 머물러 있을 것이다.

1년 후 나는 결혼한 상태다. 아내가 직장을 그만둔다면 혼자서 가족을 부양해야 할 것이다. 현실이 피부로 와 닿기 시작한다. 우리는 돈이 필요할 것이다. 이동 속도가 빨라진다. 나는 오른쪽으로 한 단계 더 옮겨 간다. 이제 3단계인 준비 단계에 있다. 여기에서 나는 계획을 세우고 온갖 행동을 취할 시간도 살펴보게 된다. 아마도 나는 다음에 급여가 인상되면 투자를 시작하기로 결정할 것이다. 나는 이제 시소의 정중앙인 계획과 행동 사이에서 흔들리고 있다. 시간표상으로 볼 때 준비 단계에서는 곧 행동으로 들어가야 하기 때문에 소요 시간이 더 짧아진다.

1월이 온다. 연봉이 인상되자 나는 적합한 보험 상품을 검토하기로 결정한다. 내가 1단계에서 반응을 보이지 않았을 때 당신이 포기했다면 나는 아마도 당신을 잊어버렸을 것이다. 그러나 내가 그 과정을 거치는 동안 당신이 계속 연락하며 관심을 보였다면 이제 노력한 결실을 얻을 것이다. 시소가 기울어져 나는 4단계인 행동 단계에 있다. 나는 당신의 보험 상품 한 가지에 가입한다.

어느 정도 시간이 지나면 이러한 행동이 습관화된다. 당신의 정규 고객이 되어 수입이 늘어날수록 보험을 하나씩 늘려 가는 나는 이제 시소의 오른쪽 끝인 5단계, 즉 유지 단계에 도달했다.

프로차스카와 디클레멘트의 연구를 통해 우리는 2가지 중요한 사실을 알 수 있다.

- 사람들은 한 번에 한 단계만 이동한다.
- 사람들에게 처음 접근할 때는 그들이 시소의 어느 단계에 있는지 알아야만 한다.

각자 옮겨 갈 준비가 된 정도 이상으로 사람들을 움직이게 할 방법은 전혀 없다. 그들은 그저 아무런 구속을 받지 않는 것이다. 원리는 간단하다. 사람들의 현재 위치를 파악하고 그들을 한 번에 한 단계씩 이동시키는 것이다.

요약과 행동 포인트

1. 독자를 고려할 때 개성, 편견, 압력, 위치라는 4Ps를 명심하자.

2. 독자가 어떤 성격을 가지고 있는지 파악한다.

- 사실에 관심 있는 파란 머리의 분석가인가
- 처리 과정을 알고 싶어 하는 초록색 머리의 조직가인가
- 인간적인 문제에 민감한 빨간 머리의 감성주의자인가
- 창의력을 발휘할 기회에 관심 있는 탐험가인가

3. 그들의 커뮤니케이션 취향을 연구한 다음 글을 쓸 때 강조할 주제를 결정하자.

4. 독자가 당신의 아이디어나 제안을 거절하게 만들 수 있는 어떤 편견을 가지고 있는지 찾아내자. 그가 당신의 메시지에 공감하지 않을 수 있다면 그 이유는 무엇인가?

5. 독자에게 가해지는 외부 압력들을 고려하자. 외부 압력은 다음과 같다.

- 문화 : 공식적인 것과 비공식적인 것 모두
- 정황 : 당신의 메시지에 영향을 주거나 해석을 왜곡시킬 수도 있는 최근의 사건

6. 설득할 목적으로 글을 쓸 때는 독자가 있는 위치, 즉 변화 단계를 고려하여 한 번에 한 단계씩 이동시킨다.

자신을 이해하기

앞에서 언급한 것과 유사한 '4Ps'가 당신에게 적용된다. 글쓰기를 계획하기 전에 당신 자신에 대해 다음과 같은 4가지 사항을 숙지해야 한다.

- **성격**(personality)
- **편견**(prejudices)
- **압력**(pressures)
- **업무 처리 스타일**
  (performance style)

성격의 경우 자신에 대해서는 아주 비밀스러운 것까지도 잘 알기 때문에 관찰하기가 좀 더 쉬울 수 있다. 글에서는 커뮤니케이션 스타일이나 글쓰기 스타일을 통해 글쓴이의 성격이 드러날 것이다. 2가지 스타일은 미묘한 차이가 있다.

독자의 편견을 알아내기 힘든 것처럼 글 쓰는 사람은 자신이 가진 편견을 정확히 모를 수도 있다. 그러한 편견 때문에 당신이 쓰는 말의 의미가 왜곡되는 일이 없도록 하려면 당신이 쓰고 있는 렌즈를 찾아내는 법을 익혀야 한다.

압력은 현재 처한 정황이나 문화에서 생겨나며 힘을 행사할 수 있지만 너무나 익숙해진 나머지 더 이상 그 힘을 느끼지 못하고 있는 것이다.

업무 처리 스타일은 당신이 완벽주의자인지 꾸물대는 사람인지에 따라 달라진다.

성격

종이에서든 컴퓨터 화면에서든 말하는 것과 말하는 방식, 즉 내용과 스타일에서 당신의 성격이 드러날 것이다.

글의 내용과 스타일은 겹치는 부분이 많지만 이 책에서는 연습이 목적이므로 가능한 최선을 다해 분리해 보자. 당신의 메시지 내용과 구조는 커뮤니케이션 스타일의 일부이며 어조와 단어는 글쓰기 스타일을 결정한다고 할 수 있다.

●커뮤니케이션 스타일

글을 읽는 사람이 당신이 전혀 모르는 사람이 아니라면 그의 커뮤니케이션 취향을 직감이나 관찰로써 알아낼 수 있다. 그리고 그가 하는 일의 성격과 당신이 보내려는 글의 주제에서도 그가 어떤 글을 읽고 쓰기를 좋아할지에 대한 실마리를 찾아낼 수 있다.

그러나 자신의 취향 분석은 더욱 엄격하고 객관적으로 해야 한다. 그렇게 해서 자신의 본래 성향을 파악해야만 상대방의 필요에 따라 스타일을 적절히 바꾸거나 조절할 수 있다.

도표 1

A
D
과학적인
관념화
실험적인
수학적인
발명하는
상상력이 풍부한
통계적인
종합하는
통합하는
개념화하는
논리적인
문제를 찾아내는
분석적인
디자인하는
논리적으로 문제를 해결하는
전략을 짜는
혁신적인
직관적인
번역하는
직감적으로 문제를 해결하는
상황을 진단하는
운동 감각의
명확하게 표현하는
건설적인
육체 노동의
표현이 풍부한
계획을 세우는
대인 관계 위주의
느낌에 의존하는
운용 계획을 세우는
음악성이 있는
시간을 잘 맞추는
사람들에게 예민한
실천적인
반복적인
사교적인
감성적인
순서에 따르는
사려 깊은
조직하는
도와주는
세부적인
B
C

도표 2

A
D
이론화하는
실험적인
조사 위주의
시각화하는
계산적인
발명하는
이미지화 하는
전략을 만드는
기술적인
이성적인
종합하는
개념화하는
분석적인
사고하는
통합하는
기업 업무 처리
논리적으로 문제를 해결하는
판매하는
디자인하는
자금을 조달하는
진단하는
지도하는
회계 처리
직감적으로 문제를 해결하는
명확하게 표현하는
즐길 줄 아는
관리하는
커뮤니케이션을 중시하는
조직하는
건설적인
촉진하는
각종 방침을 만드는
가르치는
운용 계획을 세우는
중재하는
조언하는
서류를 정리하는
장부를 정리하는
아이디어를 제시하는
절차를 정하는
감독하는
경청하는
설득하는
해결책을 적용하는
글을 쓰는
행정 업무를 하는
문제를 인식하는
통제하는
도움을 제공하는
자료 입력
이해하는
모집하는
지원하는
치안을 유지하는
양육하는
워드프로세서 작업
치료하는
B
C

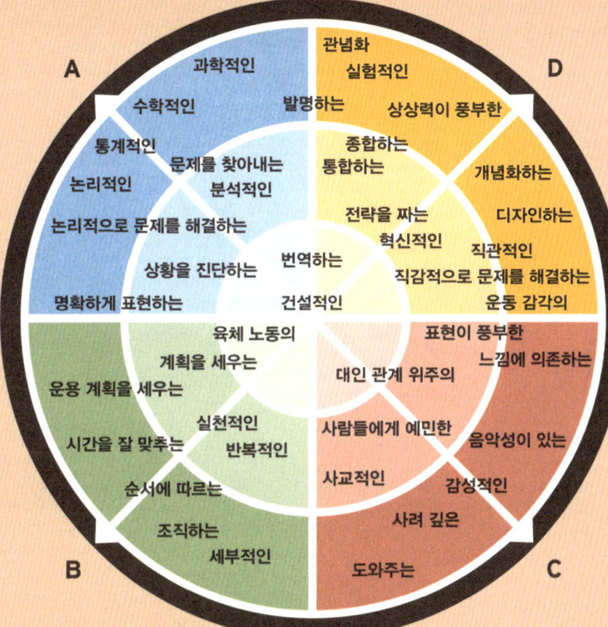

도표 3

A
D
이론적인
조사하는
발명하는
컴퓨터 작업을 하는
추상적인
과학적인
시각 위주의
창의력이 뛰어난
기술적인
위험을 즐기는
인지 위주의
분석 위주의
건축학적인
다양성을 보이는
재정적인
진단을 내리는
예술적인
판매하는
디자인하는
비평적인
관찰하는
도전적인
심리적인
건설적인
관리하는
문서화하는
커뮤니케이션 위주의 즐길 줄 아는
기계적인
수선하는
법적인
촉진하는
가르치는
행정의
농업의
조정하는
음악적인
분류하는
조합하는
세부적인
서기 업무의
도움을 베푸는
조언하는
군사적인
반복적인
서비스
사람들과 관계를 맺는
통제하는
계발하는
방법론적인
구체적인
위로하는
절도 있는
사람들을 모집하는
다재다능한
영적인
감독하는
육체적인
운동 감각이 있는
치안을 유지하는
지원하는
양육하는
비서 업무의
치유하는
B
C

도표 4

A
D
도표 1
도표 1
도표 2
도표 2
도표 3
도표 3
총계
총계
도표 1
도표 1
도표 2
도표 2
도표 3
도표 3
총계
총계
B
C

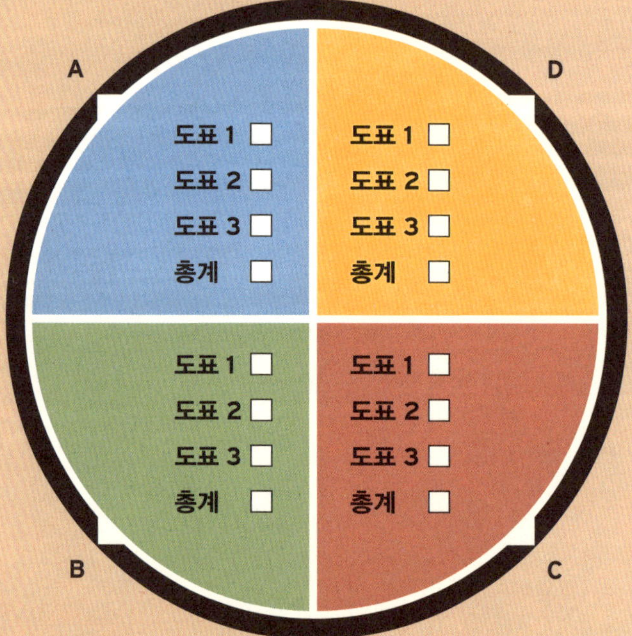

앞의 도표들은 당신의 성격을 간단히 분석하는 데 도움이 되는 설문표다.

도표 1에서 시작하자. 여기에서 가장 좋아하는 요소를 8개 골라 동그라미를 치자. 그것들이 어느 사분면에 속하는지는 신경 쓰지 말고 정말로 마음이 가는 것들을 골라 보자. 그 다음에는 도표 2로 옮겨 가서 직업 활동 기간 동안에 가장 중요할 것이라고 생각하는 요소를 8개 골라 동그라미를 치자.

마지막으로 도표 3으로 옮겨 가서 이상적으로 생각하는 직업을 구성하는 요건 8개를 표시한다. 즉 가장 해 보고 싶은 일, 잘할 수 있다는 자신감이 생기는 일을 생각하면 된다.

지금까지 표시한 내용에 대한 점수를 매겨 보자. 도표 1~3을 다시 살펴보면서 각 사분면마다 몇 개씩 표시했는지 합산하여 도표 4에 적는다.

점수를 쉽게 내려면 각 사분면별로 따로 계산하면 된다. 즉 왼쪽 상단의 파란색 사분면에서 시작한다. 도표 1~3에서 파란색 사분면에 표시한 동그라미 개수를 세어 합계를 적는다. 이런 식으로 초록색, 빨간색, 노란색 사분면을 차례대로 계산한다. 여기까지 계산이 끝나면 각 사분면의 합계를 색상별로 더해 합계란에 기입한다.

합계가 가장 높은 사분면이 바로 당신이 선호하는 커뮤니케이션 스타일이다. 즉 주변 사람들과 정보를 주고받을 때 가장 편안하게 느끼는 방식이다. 2개의 사분면 합계 점수가 같을 때도 있다. 이런 경우는 2가지 취향을 가진 것으로 2가지 방식을 모두 수용할 수 있다. 이는 다른 사람들보다 커뮤니케이션 스타일의 폭이 훨씬 더 넓다는 것을 뜻한다.

여기에 보이는 4개의 머리는 그들의 스타일이 서로 어떻게 충돌하는지를 보여 준다. 대각선으로 반대되는 스타일끼리 커뮤니케이션을 하고자 할 때 충돌이 가장 뚜렷하게 벌어진다. 노란색의 실험적이고 창의적인 접근 방식은 과정 중심이며 조직하기를 좋아하는 초록색과 확연히 대조를 이룬다. 이와 비슷하게 빨간색은 굉장히 민감하고 감정이 풍부하지만 구체적인 사실과 수치에 큰 의미를 두는 파란색 스타일과 전혀 맞지 않는다.

그러나 세로로 볼 때는 같은 편에 놓인 스타일끼리 무척 잘 어울릴 수 있다. 노란색과 빨간색은 모두 우뇌, 즉 창의적인 기능을 담당하는 뇌에 속하는 것이고 파란색과 초록색은 좌뇌, 즉 논리적인 기능 중심의 뇌에 속한다. 따라서 같은 편끼리 커뮤니케이션을 하면 갈등의 정도가 줄어드는 경향이 있다. 그러나 갈등을 완전히 제거할 수는 없다. 가로로 볼 때도 마찬가지다. 파란색과 노란색은 신피질이 담당하는 지적 능력에 대한 취향을 공유하고 있다. 반면에 초록색과 빨간색은 포유류의 뇌에서 나오는 감정에 더 많이 좌우된다.

따라서 커뮤니케이션을 계획할 때는 자신의 취향이 상대방의 취향과 어떤 관계에 있는지를 이해할 필요가 있다. 일단 그것을 알고 나면 상대방이 쉽게 읽을 만한 글을 쓸 수 있게 되어 커뮤니케이션 스타일의 충돌로 야기될 수 있는 무의식적인 저항감을 줄일 수 있을 것이다.

여러 해 전에 사사건건 나와 충돌하는 고객이 있었다. 만날 때마다 사소한 의견 충돌로 실망하고 괴롭다 보니 그를 만나는 일이 고통스러웠다. 가끔은 성공적으로 합의점을 찾는 경우도 있었지만 그때까지의 과정이 너무 힘들었다. 나는 우리가 성격 차이 때문에 충돌한다고 생각했다. 그러나 이상하게도 사무실 밖에서는 서로 잘 맞았다. 우리는 둘 다 유머 감각이 있었고 책이나 음악 분야 등에서는 취향이 일치하는 것도 적지 않았다. 비즈니스에서도 우리는 역시 같은 것들을 원했다. 사실상 목표가 충돌하는 경우는 전혀 없었다.

나는 한참 지난 후에야 우리의 충돌이 커뮤니케이션 스타일의 차이에서 비롯되었다는 사실을 깨달았다. 그는 초록색 성향이 강했고 나는 노란색 성향이 강했다. 그는 나의 접근 방식을 제멋대로이고 요령부득이라고 여겼고 나는 그가 과정에 광적으로 집착하고 시시콜콜 참견하는 사람이라고 생각했다. (그는 두 가지 다였다!)

내가 반 페이지 분량의 편지를 보내면 그는 3페이지에 달하는 장문의 답장을 보내 왔고 나는 그 글을 대충 훑어보았다.

그러나 그는 나의 고객이었다. 어떠한 대결 상황에서든 그가 이기게 마련이었다. 그에게 내 생각을 납득시키려면 무엇인가가 바뀌어야 했다.

수개월 동안 함께 일하면서 나는 그의 커뮤니케이션 스타일을 파악하고 내 스타일을 그의 것에 맞추는 법을 배웠다. 그렇다고 나 자신의 관점이나 기호를 바꿀 필요는 없었다. 단지 그에 대한 커뮤니케이션 방식을 바꾸었을 뿐이다. 그는 재확인을 원했으므로 나는 업무의 과정, 구조, 세부 사항을 알려주었다. 그리고 다른 대비책도 세워 놓았다. 결국 우리는 아주 좋은 관계를 형성했다. 대부분의 문제에 있어 우리는 의견이 같다는 사실을 발견했다. 그래서 처음에는 상상도 못했던 일이지만 우리는 훌륭한 팀이 되었다.

커뮤니케이션 스타일의 충돌을 관심사의 충돌이라고 착각하기 쉽다.

그러므로 독자의 커뮤니케이션 스타일에 맞추는 것이 매우 중요하다. 그리고 그렇게 하는 유일한 방법은 양쪽 모두를 이해하는 것이다.

●글쓰기 스타일

우리 모두는 커뮤니케이션 스타일뿐만 아니라 글쓰기 스타일, 즉 어조를 개발한다. 이것은 우리가 대화할 때 사용할 수 있는 어조와는 아주 다른 경우가 많다.

나의 변호사는 마치 아돌프 히틀러가 받아쓰게 한 듯한 이메일과 편지를 보내 오지만 직접 만나 보면 오히려 섬세하고 사려 깊다. 그는 아마도 자신의 글이 업무 성격이나 주제에 적합하다고 생각할 것이다. 자신이 쓰는 글이 읽는 사람에게 적합한지 한 번이라도 생각해 보았을는지는 의문이다.
우리는 자신의 글쓰기 스타일을 알아야 그것을 조절할 수 있다.
내가 지금 당신에게 샘플로 글을 써 보라고 한다면 자의식이 발동해 당신의 자연스러운 목소리가 담긴 글은 나오지 않을 것이다. 그러니까 서류철이나 보낸 메일함을 뒤져서 최근 2개월 이내에 작성한 두세 개의 장문을 찾아내자. '장문'이란 최소한 1페이지 이상 되는 분량의 글을 말한다. 가능하면 복사하거나 인쇄하여 자세히 살펴보며 노트를 해 보자. (이 책은 비즈니스 글쓰기에 관한 것이므로 가족이나 친구에게 쓴 편지는 고르지 않는다.)

아래의 측정표는 당신의 글쓰기 스타일을 평가하는 데 도움이 될 것이다. 자료를 전체적으로 훑어본 다음에 각 항목마다 1점부터 10점까지의 점수를 매겨 보자. (왼쪽 끝이 1점, 오른쪽 끝이 10점이다.)

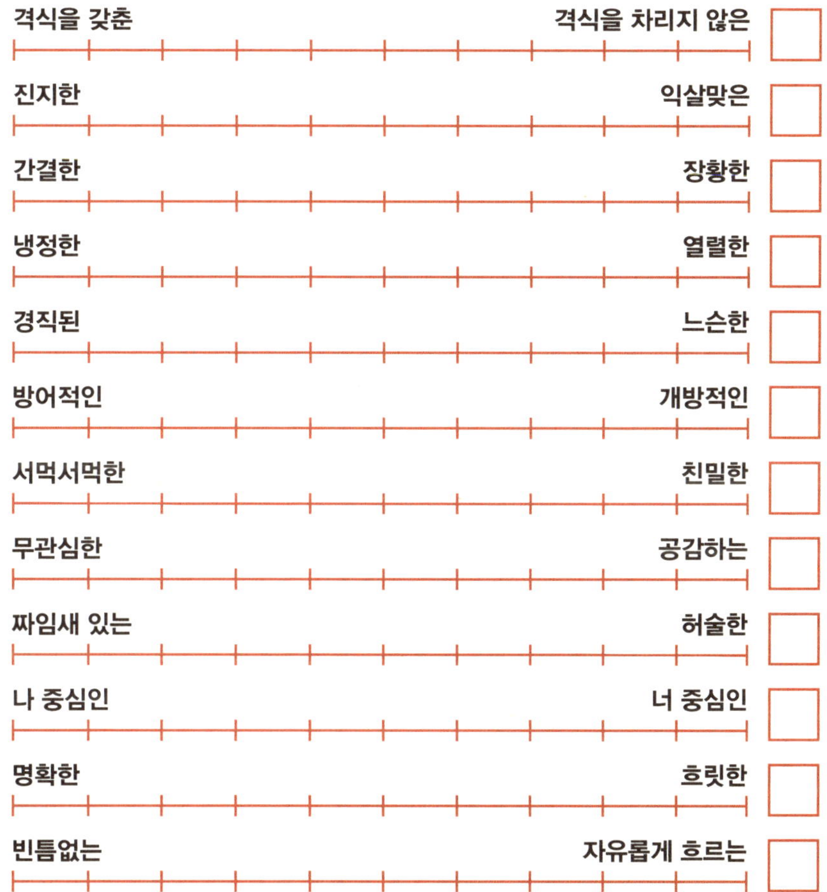

그중에서 가장 높은 점수 3개를 골라서 글쓰기 스타일을 정의할 수 있는지 알아보자. 아마도 객관성을 유지하기는 힘들 것이다. 이 측정표를 사용할 때 사람들은 자신에게 5점을 주는 경향이 있다. 5점이 보통을 나타낸다고 보기 때문이다. 그리고 우리 대부분은 어떤 이유에서든 스스로를 보통이라고 생각하는 듯하다!

오른쪽 표는 당신에게 영감을 줄 수 있는 내용들을 제시한다.

더 효과적인 접근법은 누군가에게 당신의 글을 읽게 한 다음 당신의 스타일을 정의해 달라고 요청하는 것이다. 그들은 단번에 당신이 어떤 인상을 주는지 알 수 있다. 이때 모욕당하는 기분이 들 수도 있으므로 부탁할 대상을 조심해서 골라야 한다. 그들의 의견은 완전히 객관적인 관점을 보여 줄 것이며 그 방법이 더 쉽기도 하다.

이 연습의 목적은 당신이 서두르거나 압력을 받으며 글을 쓸 때 본능적으로

1
태연자약함
2
직설적임
3
짧고 예리함
4
주인공
5
교사
6
꼼꼼쟁이
7
다정한 조언자
8
심리 치료사
9
정직한 사람
10
방랑자
11
정열가
12
괴짜 교수

사용하는 스타일을 파악하는 데 있다.

당신의 스타일을 알아야만 그것을 바꾸어 글의 주제와 읽는 사람에게 적합하게 만들 수 있다.

편견

당신도 역시 편견이라는 렌즈를 통해 세상을 바라본다. 당신의 경험과 태도는 의식하지 못하는 가운데 글 쓰는 방식에서 미묘하게 드러난다. 바로 이런 점들을 정확히 파악하고 나서 실제 커뮤니케이션에 나타낼 것인지 억누를 것인지를 결정해야 한다.

예를 들어 나는 세무 당국에 대해 심한 편견을 갖고 있었다. 예전에 그들과 몇 차례 말다툼을 했기 때문인지 아무튼 나는 그들이 내 개인적인 상황에는 관심이 없고 그저 어떻게든 나한테 돈을 많이 받아 내려고만 한다고 생각하였다.

이러한 편견, 즉 렌즈는 내가 그들에게 보내는 편지에 담기는 어조에 영향을 주어 왔다. 평소 나는 방어적이며 최악의 상황을 염두에 둔다. 그래서 나는 그런 태도가 보인다고 확신한다. 나는 예의를 차리고 틀린 사실은 없는지 꼼꼼히 확인하지만 마치 대결이라도 할 것처럼 항상 냉정하고 경계심이 가득한 어조에서 탈피하지 못한다.

최근에 나는 어떤 문제를 해결하지 못해 편지를 보내는 대신에 전화를 하기로 결정했다. 다행히 세무서의 효율적인 전화 연결망 덕분에 곧 담당자와 통화할 수 있었다. 그녀는 기분 좋은 사람이었다. 친절하고 사려 깊었으며 공정하게 문제를 해결하기 위해 나에게 진심으로 노력을 기울였다. 나는 놀랐다. 그런데 그때 생각해 보니 그녀가 지금까지 내게 보낸 편지는 표준 세금 고지서 양식에 숫자를 더 기재한 것뿐이었다. 그것을 그냥 봉투에 담아 보내준 것이다. 나는 그녀의 자필 서명조차 본 적이 없었다.

갑자기 내 편지의 어조, 태도, 스타일이 부적절했으며 어쩌면 역효과를 불러일으켰을지도 모른다는 생각이 들었다.

어떤 조직에 대해 편견을 가지면 그 조직의 개인에게 보내는 편지에는 선입견이 담기기 쉽다.

한 조직을 대상으로 글을 쓸 수 없다는 점을 명심하는 것이 중요하다. 우리는 개인(또는 개인의 집단)을 상대로 해서만 글을 쓸 수 있다. 따라서 우리 자신이 가진 편견이 단어나 스타일 속에 무의식중에 드러나지 않도록 유의해야 한다. 글을 쓴 이가 의식하지 못하더라도 그 글을 읽는 사람들은 알아차릴 것이며, 그것이 우리가 말하고자 하는 내용을 판단하는 데 영향을 미칠 것이다.

그리고 아는 사람에게 글을 쓸 때도 다음과 같은 질문을 해야 한다. "이 사람에 대해 나는 어떤 편견과 믿음을 갖고 있으며 그런 것이 이 글에 미묘하게 반영되고 있지는 않은가?"

편견을 갖고 있다는 사실을 외면하지 말자. 편견이라는 말이 편협함, 인종차별, 근거 없는 비방처럼 매우 부정적인 의미를 연상시키기도 한다. 그러나 편견의 의미는 단지 미리 판단한다는 것이지 비난한다는 것은 아니다. 그리고 때때로 우리는 어떤 사람이나 상황을 가능한 한 가장 긍정적으로 미리 판단하기도 한다. 우리가 언제나 최악을 기대하고 보는 것은 아니다.

그럼에도 불구하고 편견은 긍정적이든 부정적이든 커뮤니케이션의 정황 속에서 검토해야만 한다. 예를 들어 당신이 대단히 호감을 가지고 있는 어떤 사람에게 매우 비판적으로 책임을 묻는 글을 써야 한다고 하자. 그에게 들려주고 싶은 것은 당신이 지닌 긍정적인 편견인가 아니면 부정적인 우려인가? 계획 단계에서 자신이 가진 편견을 파악했을 때에만 양자의 균형을 유지할 수 있을 것이다.

압력

글을 쓸 때는 내부적인 힘과 함께 자신이나 글의 내용과는 전혀 무관한 힘에 의해 언제나 영향을 받게 된다.

내부적인 힘은 개인의 필요, 욕구, 신념, 가치관, 취향으로 나타난다.

당신의 글을 읽는 사람의 경우처럼 외부적인 힘은 문화와 정황에서 생겨난다. 자신은 의식하지 못하더라도 외부적인 힘은 은연중에 글 속에 들어와 영향력을 행사할 것이다.

따라서 또 한 번 이 문제를 짚고 넘어가야 한다. 글쓰기 준비 단계의 일부로서 어떤 외부적인 힘이 글에 영향을 주고 있는지 자신에게 질문해 보아야 한다.

이 과정은 오래 걸리지 않는다. 다음의 2가지 간단한 질문으로 충분하다.

"내가 몸담고 있는 문화의 가치들은 이 글과 어떤 관련이 있는가?"

"최근의 어떤 사건들이 이 글에 관한 나의 감정에 영향을 주고 있는가?"

의식 속에서만 통제가 가능하다.

글쓰기의 효과를 조절하고 싶다면 당신의 말을 구체화시켜 주는 모든 힘을 의식하자.

업무 수행

지금까지 우리는 글쓰기 준비 단계를 살펴보았다. 이 과정을 통해 우리는 올바른 이해와 태도로 마음의 준비를 하는 것이다. 그러나 계획 단계에 들어가기 전에 자신에 대해 한 가지 사항을 확증해야 한다.

당신은 꾸물대는 사람인가? 아니면 완벽주의자인가? 최악의 경우 양쪽 모두일 수도 있다.

여러 해에 걸쳐 나는 우스개 삼아 '역동적인 꾸물거림(Dynamic Procrastination, 약자로 DP)'이라는 명칭을 붙인 시간 관리 시스템을 개발해 실천해 왔다.
이 시스템은 사용하기 쉽다. 어떤 과제든 받아 놓고 마감일을 확인한 후 그때까지 기다리기만 하면 된다. 나는 항상 마감일이 코앞에 닥칠 때까지 기다리기 때문에 동료들은 공황 상태에 빠진다. 그들은 과거의 경험으로 미루어 내가 어떻게든 일을 끝낸다는 것을 알고 있다. 그러나 이것은 양날의 검이다. 나는 임박한 재난이 가져다주는 절망적인 힘이 나를 책상 앞으로 달려가게 만들 때까지 기다려야 한다. 그때서야 나는 최대한의 집중력과 에너지를 발휘해 일을 처리한다.
DP의 장점은 일단 발동이 걸리면 일사천리로 일할 수 있다는 것이다. 나는 창의성에 의존해 종이에 글을 옮긴다.

DP의 위험성은 충분한 준비나 계획을 세울 여유가 없을 때가 많다는 것이다. 팀워크나 협력이 무너지고 극도로 피곤해진다. 마감 스트레스가 나를 옥죄어 오고 동료들은 불확실성과 짜증으로 지쳐 버린다. 그리고 위험하다. 적절한 계획이 없으면 항상 위태롭고 그런 상황에서는 커뮤니케이션이 최적의 상태에 도달하는 경우가 무척 드물 것이다.

완벽주의자는 아주 다른 접근법과 경험을 갖고 있다.

완벽주의자는 시간 관리를 잘하는 편이라서 일의 시작을 미룰 가능성이 더 적을 것이다. 그들은 즐거운 마음으로 힘든 조사를 진행하고 자료를 정리하고 구성이 적합하게 되도록 하는 데 충분한 시간을 들인다.

그러나 완벽주의자가 그렇게 하는 과정은 쉽지 않다. 모든 것을 완벽하게 하려다 보니 준비 과정이나 세부적인 것에 발목이 묶여 오도 가도 못하는 상황에 빠지기도 한다. 이 때문에 완벽주의자는 훌륭한 글쓰기에 필수적인 창의성을 마음껏 발휘하지 못한다.

게다가 완벽주의자는 처음부터 모든 일을 제대로 하려고 하는데, 앞으로 우리가 살펴보겠지만 그렇게 할 수도 없을뿐더러 바람직하지도 않다.

꾸물대면서 완벽주의자라면 정말 최악의 경우다. 이렇게 되면 과제 수행 시간은 최소한으로 잡으면서도 대단한 성과를 기대할 것이다. (이런 유형의 사람은 스트레스를 좋아하며 자신도 고통받고 주변 사람들도 고통받게 하려고 태어난 것이 분명하다!)

자신이 어떤 유형인지 판단하라. 부정하지 말자. 있는 그대로의 모습을 인정하자. 이 책은 있는 그대로의 당신 모습을 바꾸려는 것이 아니다.

시간 관리

글쓰기에 투자하는 시간의 양은 3가지 요소에 의해 결정된다. 즉 커뮤니케이션의 중요성, 글감의 난이도와 분량, 사용 가능한 시간이다.

마감일이나 마감 시간이 정해져 있다면 글쓰기 과제를 여러 단계로 나눈 다음 각 단계별로 사용 가능한 분, 시간, 날을 배당해야 한다.

원하거나 필요한 만큼 충분한 시간을 들일 수 있다면 우선 준비 과정에 투입할 시간의 양을 결정하기 바란다. 맨 처음에 그렇게 하자. 스스로에게 이렇게 질문해 보자. 이 글은 얼마나 중요한가? 이것을 언제 끝내야만 하는가?

마감 시간을 스스로 정하는 것이 작위적일 수도 있지만 그렇게 하면 글쓰기 과정을 충실히 따르는 데 도움이 된다.

남는 시간이 부담이 될 수도 있다. 특히 완벽주의자는 시간이 남으면 한 곳에서 했던 일을 다시 하며 다음 단계로 넘어가지 않을 것이다. 꾸물대는 사람은 다행히 이런 문제는 없다.

스스로 부과한 것이든 외부 상황 때문에 강요된 것이든 제재가 가해지면 일

준비	계획	초안	검토	수정	윤문
10%	30%	20%	10%	20%	10%

글쓰기 과정의 각 단계가 차지하는 시간 비율

을 끝내는 데 도움이 된다. 일단 시간 여유가 어느 정도인지 파악하고 나면 그 시간을 어떻게 사용할지 대략적인 계획을 세울 수 있다.

앞서 제시한 도표의 수치는 단계별로 사용 가능한 시간의 비율을 살펴본 것이다.

준비	**10퍼센트**
계획	**30퍼센트**
초안	**20퍼센트**
검토	**10퍼센트**
수정	**20퍼센트**
윤문	**10퍼센트**

다음의 수치는 같은 글쓰기 과정을 1시간 동안 진행할 때의 단계별 시간이다.

준비	**6분**
계획	**18분**
초안	**12분**
검토	**6분**
수정	**12분**
윤문	**6분**

대략적으로 전체 시간의 40퍼센트를 계획과 준비에 사용하고 나머지 60퍼센트를 독자에게 보여 주고 싶은 방식으로 글을 작성하는 데 쓰는 것이다. 그러나 빈 종이에 글을 채우는 데는 전체 시간의 20퍼센트만 사용된다. 초안 작성 시간은 의도적으로 짧게 정해져 있다. 일단 계획이 올바로 세워지면

초안 작성에서는 중간에 멈추는 일이 거의 없이 최대한 거침없이 글을 써 내려갈 수 있기 때문이다. 이 과정에서 기본적인 글감이 마련된다. 그리고 나머지 40퍼센트의 시간을 사용해 글을 검토하고 다듬을 수 있다.

준비	계획	초안	검토	수정	윤문
6분	18분	12분	6분	12분	6분

각 단계가 1시간당 차지하는 비율

요약과 행동 포인트

1. 글쓰기를 본격적으로 시작하기 전에 자신의 '4Ps'를 점검하자.
   - 성격
   - 편견
   - 압력
   - 업무 처리 스타일

2. 당신의 자연스러운 커뮤니케이션 스타일은 무엇인가?
   - 사실에 집착하는 파란색 머리의 분석가인가?
   - 과정에 집중하는 초록색 머리의 조직가인가?
   - 창의적인 기회를 모색하는 노란색 머리의 탐험가인가?
   - 사람에 초점을 맞추는 빨간색 머리의 감성주의자인가?

3. 당신의 자연스러운 글쓰기 스타일을 찾아 정의하라.

4. 주제나 독자가 글의 어조나 내용에 미묘한 영향을 줄 수 있는 어떤 편견을 갖고 있는가?

5. 당신에게 영향을 주는 압력은 무엇인가? 업무 환경의 문화를 고려해 보자. 공식적인 것과 숨겨진 것을 모두 살펴보고 커뮤니케이션의 정황도 고려해 보자.

6. 업무 수행 스타일은 어떠한가? 꾸물대는 사람인가, 아니면 완벽주의자인가?

7. 글쓰기를 완료할 때까지 시간을 어느 정도 사용할지 결정하자.

8. 일정에 따라 사용 가능한 시간을 분배하자.

글을 쓰는 목적이 무엇인가?

우리는 "말하기 전에 생각부터 하라"는 충고를 종종 들어 왔다. 평상시의 대화에서 그렇게 하면 자연스러운 맛이 사라지겠지만 상대가 진지하게 받아들이고 기억하기를 원한다면 좋은 충고가 될 수 있다.

이 충고는 글쓰기에도 그대로 적용된다. "쓰기 전에 생각부터 하라." 그럼에도 우리는 그렇게 하지 않는 경우가 많다.

우리는 가끔씩 압력에 못 이겨 비즈니스 글쓰기를 시작할 때가 있다. 의무감, 필요성, 긴급함에 쫓긴다. 어쩌면 받은 편지함이 넘쳐나고 사람들이 너무 오랫동안 기한이 지난 답장을 기다리고 있기 때문일 수도 있다. 아니면 꾸물거리는 바람에 쓰고 싶었던 중요한 편지가 이제는 발등의 불이 되어 즉시 처리해야만 하는 경우일 수도 있다.

이러한 압력은 우리를 성급하게 만든다. 훌륭한 편지, 이메일, 메모를 작성하는 것은 안중에도 없고 그냥 그 일을 끝내서 할 일 목록에서 지워 버린 다음 본업으로 되돌아가는 데 온통 관심을 집중하게 된다.

이런 것이 회사 생활의 스트레스와 긴장이다. 그러나 이러한 유혹에 저항할 필요가 있다. 당신은 글을 써야 할 때마다 다음과 같은 질문을 함으로써 많은 시간과 에너지를 절약할 수 있다. "왜 내가 이 글을 쓰려고 하는가?"

대부분의 비즈니스 글쓰기는 아래의 3가지 범주에 속한다.

1. 정보 전달
2. 설득
3. 새로운 관계 형성

우리는 머리, 가슴, 영혼에 호소해야 한다. 쓰고자 하는 글이 어느 범주에 속하는지 알아야 한다. 그러나 그것만으로는 충분하지 않다.

각 범주는 할 일을 가르쳐 줄 뿐, 그 일을 하는 이유는 설명해 주지 않는다. 왜 글을 써야 하는가? 이것이 당신에게 무슨 이익이 되는가? 편지나 이메일의 내용을 고려하기 전에도 글을 쓰는 동기와 어떤 기대를 하고 있는지 이해해야 한다.

WIIFM은 라디오 방송국 이름처럼 들릴 것이다. 하지만 이것은 "What's In It For Me?(이것이 내게 무슨 이익이 되는가?)"의 머리글자를 딴 약자다.

글을 쓰는 진짜 이유를 발견할 때까지 이 질문을 되풀이해야 한다.

한 예를 살펴보자. 당신은 한 부서의 관리자다. 그런데 12월에 실적 부진으로 금년에는 크리스마스 보너스가 없다는 소식을 팀원들에게 공지하는 메모를 써 보내는 임무를 맡게 되었다.

유쾌한 일은 아니지만 해야 할 일이다. 이제 스스로에게 물어보자.

"이것이 내게 무슨 이익이 되는가(WIIFM)?"

당신은 이렇게 말할 수 있다. "그들은 이 소식을 들어야 해. 그것은 내가 할 일이야." 사실이다.

그러나 다시 한 번 물어보자. "이것이 내게 무슨 이익이 되는가?" 이렇게 말할 수 있다. "나는 팀원들이 적절한 설명을 들을 수 있게 하고 싶어. 나만이 그 일을 할 수 있어." 역시 사실이다.

그러나 다시 한 번 자신에게 물어보자. "이것이 내게 무슨 이익이 되는가?" "팀원들이 실망할 텐데…… 나는 그들이 의욕을 잃기를 바라지 않아." 그 정도면 괜찮다.

WIIFM? "나는 팀원들 중 한 사람도 퇴사하기를 바라지 않는다." 흥미롭다.

WIIFM? "나는 번거롭고 시간이 낭비되고 돈을 들여 새 직원들을 뽑는 일이 싫어. 새 직원들을 교육하는 데 돈을 낭비하고 싶지 않아. 상사들이 내가 부서 운영을 제대로 하지 못해서 팀원들의 사기가 떨어지고 팀의 결속을 저해한다고 생각하게 만들고 싶지 않아. 나는 경쟁업체가 낌새를 알아차리고 우리가 곤경에 처해 있다고 생각하는 것을 원하지 않아. 그러면 상황은 더 나빠질 거야."

생각을 더 많이 할수록 '당신에게 이익이 되는 것'이 무척 많다는 사실을 깨닫게 될 것이다.

비즈니스 분야에는 에이브러햄 매슬로(Abraham Maslow)의 욕구의 계층(hierarchy of needs)이 다음과 같이 변형되어 적용된다. 회사 생활은 우리 대부분에게 다음과 같은 6가지 기본 욕구를 주입시킨다.

1. **안전과 안정을 느끼고 싶은 욕구**
2. **훌륭하게 보이고 싶은 욕구**
3. **좋은 기분을 느끼고 싶은 욕구**
4. **돈을 벌고 싶은 욕구**
5. **돈을 절약하고 싶은 욕구**
6. **시간을 절약하고 싶은 욕구**

'보너스가 없다'는 내용의 메모를 다시 생각해 보면 이러한 기본 욕구들의 영향을 느낄 수 있다.

당신이 부서의 사기를 높이지 못한다고 상사들이 생각한다면 당신은 안전과 안정을 느끼지 못할 것이다.

팀원들이 퇴사하기 시작하면 당신은 훌륭하게 보일 수가 없을 것이다.

팀원들이 수입 손실의 책임이 당신에게 있다고 생각한다면 당신은 기분이 좋지 않을 것이다.

결속력을 잃어 실적이 떨어진다면 당신은 돈을 벌 수 없을 것이다.

채용 비용을 지불하고 교육에 투자해야 한다면 당신은 돈을 절약할 수 없을 것이다.

직원들이 떠나면 후임자를 찾느라 시간을 보내야 하므로 당신은 시간을 절약할 수 없을 것이다.

당신이 더 깊이 생각하면 할수록 더 많은 자신의 욕구를 발견할 것이다. 그러한 욕구들을 철저히 규명한 후에만 다음의 결정적인 질문을 할 수 있다.

"나는 내 글을 읽는 사람이 무엇을 하기를 원하는가?"

어떤 사람을 대상으로 글을 쓸 때 우리는 언제나 행동의 변화를 이끌어 내려고 노력한다. 그 사람이 다르게 생각하고 행동하고 느끼기를 원하며 자신의 글이 영향력을 발휘하기를 원한다. 그들이 글을 읽고 이해하고 흡수하고 잊어버리기를 원하지 않는다. 우리에게는 우리의 말에 대한 반응이 필요하다.

원하는 커뮤니케이션 결과에 집중하면 그만큼 글의 효과도 커질 것이다.

앞에서 언급한 메모로 돌아가 보자. 회사가 어려울 때 당신이 경험하는 가장 절실한 욕구가 안전과 안정을 느끼는 것이라고 가정해 보자. 당신은 상사들이 당신에 대한 확신을 잃게 하고 싶지 않다.
당신의 글을 읽는 사람들이 어떤 행동을 취하기를 바라는가?

당신은 팀원들이 당신의 입장을 이해하며 당신에게 책임을 전가하지 않고 회사 상황이 나아질 것이라는 확신을 갖고 팀에 계속 남아 있겠다는 내용의 답장을 보내 주기를 원할 수도 있다. 아니면 팀원들이 회사의 경영진에게 편지를 보내 당신이 아니라 그들의 결정에 이의를 제기하기를 원할 수도 있다. 당신은 팀원들이 당신과 개인 면담 자리를 마련하여 이 문제를 더 개인적으로 의논하여 그들을 안심시키기를 바랄 수도 있다.

당신이 어떤 결과를 원하든 그것은 당신이 메모를 쓰는 방식-글의 의도, 내용, 구조, 어조, 스타일, 도입부와 마무리-에 지대한 영향을 줄 것이다.

이 점에 대해 극단적인 예를 들어 보자. 당신이 완전히 다른 기본 욕구를 가지고 있다고 가정해 보자. 당신은 돈을 절약하고 싶어 한다. 회사 사정이 좋지 않다. 곧 비용 절감 대책이 나올 것이다. 해고 수당 비용이 많이 들겠지만 감원은 필요하다. 팀원 몇 명이 회사를 그만둔다면 그 비용을 줄일 수 있을 것이다.

그렇다면 당신의 글쓰기 목적은 무엇인가? 당신은 업무에 대한 집중도와 열정, 생산성이 떨어지는 직원들이 근무 태도를 완전히 바꾸거나 사표를 내기를 원할 것이다.

당신은 팀원들이 정확히 무엇을 하기를 바라는가? 당신은 그들이 개인적으로 찾아와 이야기를 나누며 장래 문제를 의논하기를 바란다.

그렇다면 아주 다른 내용의 메모가 필요하다. 2가지 모두를 살펴보자.

수신 : A 사업부

발신 : 당신

제목 : 힘겨운 한 해

팀원 여러분,

올해는 힘겨운 한 해였습니다. 그런 와중에도 모두 열심히 노력해 주셔서 감사드립니다.

여러분의 열성과 헌신적인 노력 덕분에 올해를 잘 마무리하고 새로운 해를 맞게 되었습니다.

그러나 안타깝게도 우리 부서의 실적은 떨어지고 있습니다. 수익은 목표보다 무려 15퍼센트 이상 낮은 상황입니다. 이에 고위 경영진과 오랜 시간 의논한 결과 유감스럽게도 금년 크리스마스 보너스는 아무도 받을 수 없게 되었다는 소식을 알려드립니다.

여러분 모두에게 실망스러운 소식이라는 점을 알고 있습니다. 일부 직원에게는 경제적으로 큰 타격일 것입니다. 제가 도움이 될 수 있는 일은 무엇이든 하겠으며 여러분 각자와 개인적으로 이 문제를 의논하고 싶습니다. 비서를 통해 편리한 시간에 면담 일정을 잡으시기 바랍니다.

이러한 경기 하락이 일시적이라는 점을 강조하고 싶습니다.

최근 2, 3개월간 여러분이 발휘한 에너지와 추진력을 계속 유지한다면 우리 부서는 정상 궤도를 회복할 것이며 내년 중반에 보너스를 받을 수 있도록 제가 고위 경영진에게 요청할 수 있는 입장이 될 것이라고 확신합니다.

약속은 드릴 수 없지만 충분히 자신 있습니다.

그때까지 계속 수고해 주시고 다음 주말 이전에 저를 만나러 오시기 바랍니다.

감사합니다.

이 메모의 과제는 보너스가 없다는 부정적인 소식을 알리는 것이다. 그리고 목적은 팀원들의 결속력을 유지하면서 사정이 정말 어려운 사람은 비서를 통해 시간을 정하여 당신과 면담할 수 있다는 것을 알리는 것이다.

이제 다른 목적으로 똑같은 소식을 전하는 메모를 살펴보자.

수신 : A 사업부
발신 : 당신
제목 : 보너스

여러분 모두가 알다시피 올해는 힘겨운 한 해였습니다. 우리는 일부 부문에서는 좋은 실적을 올렸지만 다른 부문에서는 목표를 달성하지 못했습니다. 그 결과 우리 부서의 실적은 15퍼센트 하락했습니다.

고위 경영진과 장시간에 걸쳐 이 문제를 논의하였으며 우리가 금년 크리스마스 보너스를 받을 수 없다는 결론을 내렸습니다. 좋지 않은 소식을 알려드리게 되어 유감입니다.

지난 12개월간 열심히 일한 사람들은 실망이 클 것입니다. 그리고 저는 여러분의 에너지와 열정을 높이 평가합니다. 그렇지만 우리의 성과에 대해서는 팀 전체의 노력에 의해 평가되므로 우리 모두가 불리한 영향을 받게 되었습니다.

내년에 심기일전해서 더욱 열심히 노력할 수 있도록 준비하기 위해 여러분 모두를 개인적으로 만나 각자의 실적을 검토하고 각자의 목표를 의논하고 싶습니다. 비서를 통해 면담 일정을 잡아주시기 바랍니다.

저는 우리 팀원 모두가 100퍼센트의 노력을 기울이고 있다는 것을 알기 때문에 이러한 시련에 맞서기로 결심했습니다.

다음 주말까지 만나 함께 의논할 수 있도록 해 주시기 바랍니다.

감사합니다.

이 메모도 역시 보너스가 없다는 부정적인 소식을 전하는 것이 과제이지만 팀원들 가운데 실적이 좋은 사람도 있고 그렇지 않은 사람도 있다는 신념을 분명하게 제시하고 있다. 그리고 팀원들로 하여금 겨와 알곡을 분리하기 위해 각자의 업무 실적 상황을 팀장과 함께 재검토하도록 적극적으로 요구하고 있다.

이 2가지 메모는 유사한 정보를 담고 있지만 매우 다른 어조로 씌어졌다. 순전히 목적이 다르기 때문이다. 일단 목적이 정해지면 글을 읽는 상대방이 어떤 행동을 취해야 할지 명시할 수 있다.

글을 쓸 때는 모든 면에서 이러한 결정들의 영향을 받게 된다. 그래서 글쓰기 과정을 맨 처음 시작할 때 이러한 결정들을 해야 한다. 즉 글쓰기 전략을 구상하기 전에, 정보를 취합하기 전에, 무엇보다도 먼저 그렇게 해야 한다.
목적을 탐색하다 보면 아예 아무것도 쓰지 않기로 작정하게 될 수도 있다.
아니면 전화 통화, 방문, 중개자 등 다른 매체를 통해 상대방에게 연락하기
로 작정할지도 모른다.

글을 쓰는 목적과 바라는 결과를 알고 있을 경우에만 진정한 커뮤니케이션
전략을 구상할 수 있으며 상대방에게 메시지를 전달하는 방식을 결정할 수
있다.

일단 글을 쓰는 목적이 분명하면 글쓰기 계획의 주춧돌이 제자리에 놓인 것이다.

요약과 행동 포인트

아래의 3가지 사항을 알기 전까지는 어떤 형태의 글쓰기도 계획할 수 없다.

1. 과제: 독자에게 정보를 전달하는 것인가, 설득하는 것인가, 관계를 형성
하는 것인가? 그의 머리, 가슴, 영혼에 호소하고 있는가?
2. 목적: 왜 글을 쓰는가? 이것이 내게 무슨 이익이 되는가(WIIFM)? 이 커뮤니
케이션에서 무엇을 얻을 수 있는가? 동기는 무엇인가?
3. 바라는 결과는 무엇인가? 독자가 정확히 어떤 행동을 하기를 원하는가?
(독자가 어떤 생각을 하거나 느끼기를 원하는 것이 아니다. 그가 어떤 행동
을 취했으면 하는가?)
4. 스스로에게 이런 질문을 해 보자. "이제 나는 그들이 무엇을 하기를 바라
는지 알고 있다. 과연 글을 쓰는 것이 그들이 그렇게 하도록 만드는 최선의

방법인가?"

연습 문제

동료들에게 연례 총회 장소의 변경을 공지하기 위해 편지를 써야 한다. 10
가지 다른 결과를 생각해 보고 그들이 당신의 메시지를 읽고 나서 취하기를
바라는 가능성 있는 10가지 행동을 예상해 보라.

커뮤니케이션 전략

이 단계에 이를 무렵이면 독자와 당신 자신, 그리고 양쪽 모두가 좋아하는 커뮤니케이션 방식을 이해하게 될 것이다. 이는 상대방과 주파수를 맞추어 읽기 쉽고 왜곡 없이 흡수할 수 있는 스타일로 당신의 메시지를 전달할 수 있음을 의미한다.

또한 글 읽는 사람이 취해 주기를 바라는 행동을 정확히 알고 있다.

따라서 이제부터는 원하는 결과를 이끌어 낼 가장 효과적인 커뮤니케이션 전략을 세우면 된다.

그러나 정보를 취합하고 정리하기 전에 다음과 같은 기초 공사를 해야 한다.

- **과제의 성격을 규정한다.**
- **장애물과 장벽을 파악한다.**
- **논의를 전개할 틀을 마련한다.**
- **격식의 정도를 결정한다.**
- **적합한 매체를 선택한다.**
- **커뮤니케이션의 어조를 정한다.**

과제 파악하기

옆 페이지의 도표는 맡은 과제를 파악하는 데 도움이 될 것이다. 이 도표는 과제의 난이도와 긍정적·부정적 측면(당신에게 유리하거나 불리한 것)을 나타내는 2가지 기본 축을 토대로 하고 있다.

난이도 축은 당신이 쓴 글을 읽는 사람이 요청을 승인하고 당신이 원하는 대로 하는 것이 쉬운지 어려운지를 나타낸다. 이는 상대방이 당신이 바라는 결과를 원하는지의 여부를 측정하는 것이 아니다. 즉 글을 읽는 사람이 당신이 그러한 결과를 얻는 데 도움이 될 수 있는 위치에 있는지의 여부를 나타내는 것이다.

긍정적·부정적 측면 축은 상대방이 글에 제시된 내용에 대해 어떻게 느끼는지를 말한다. 다시 말해 글의 제안이나 추천 사항에 대해 협조적인지 적대적인지, 즉 당신에 대해 우호적인지 적대적인지를 말해 준다.

이 도표의 사용법은 아주 간단하다. 우선 가로축부터 시작해 "이 글을 읽는 사람은 나에 대해 적대적인가, 우호적인가?"라고 자신에게 질문해 보자. 그러고 나서 1에서 10까지 점수를 매긴다. 1점은 가장 우호적인 태도, 10점은 가장 적대적인 태도를 나타낸다. 다시 말해 숫자 1은 긍정적인 태도이고 숫자 10은 극도로 부정적인 태도를 가리킨다.

이제 세로축으로 가 보자. 역시 1점에서 10점까지 자신의 점수를 표시해야 한다. 1점은 상대방이 당신이 요청하는 대로 하기가 쉽지 않음을, 10점은 쉽다는 것을 뜻한다.

세로축에 표시한 점수를 기준으로 하여 가로로 선을 긋고 가로축 점수를 기준으로 세로로 선을 그으면 두 선이 교차하는 지점이 생긴다. 이 교차점이 다음 4가지 상자 중 어느 것이 당신의 글쓰기 과제의 성격을 나타내는지 알려 줄 것이다.

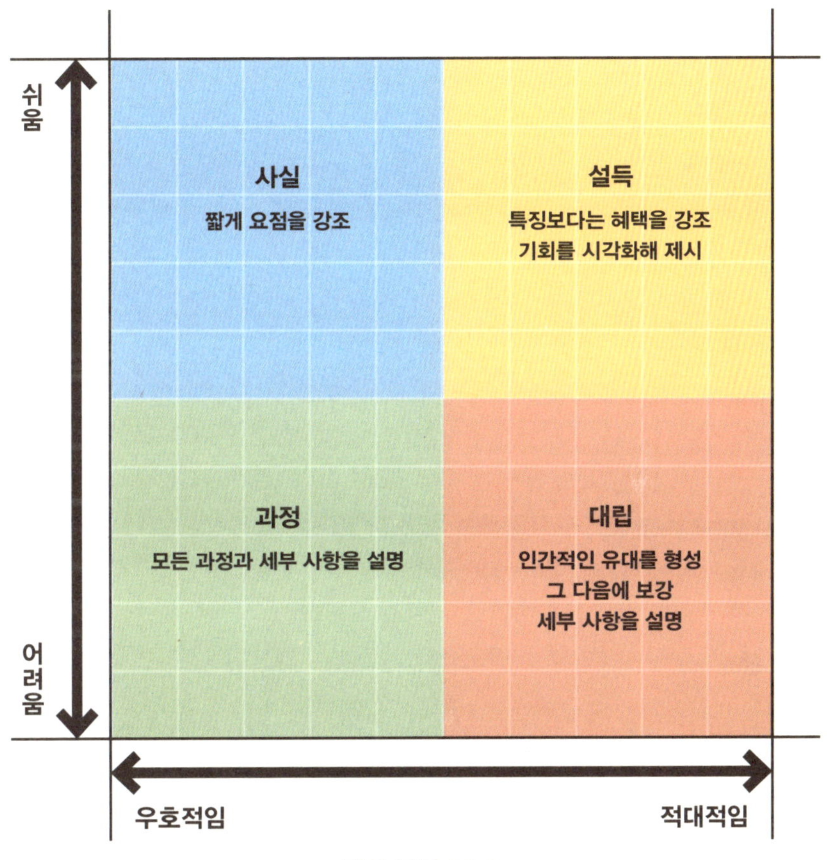

과제 분석 도표

파란 상자

상대는 당신 편이며 당신의 요청이나 제안에 쉽게 응해 줄 것이다. 파란 상자의 글쓰기는 어렵지 않다. 상대가 당신에게 우호적이고 긍정적이므로 간단하게 표현해도 된다. 그러나 요점을 벗어나지 않으면서 그들이 행동을 취하는 데 필요한 모든 정보를 제공해야만 한다. 어조는 따뜻하고 긍정적이어야 한다.

초록 상자

상대는 협조적이지만 어려움이 있다. 어떤 장애물이 있어서 당신이 요청하는 대로 행동하기가 쉽지 않다. 이런 상황을 만나면 도움이 될 수 있는 내용으로 글을 구성해야 한다. 따라서 글의 분량을 늘리고 서로의 문제점에 대한 해결책을 제시해야 한다. 장애물을 극복하는 과정에 초점을 맞추어야 할 수도 있다. 따뜻하고 힘을 실어 주는 어조를 유지한다.

노란 상자

설득력 있는 태도가 필요하다. 상대방은 응해 줄 수 있는 입장에 있지만 당신에게 우호적인 감정을 느끼지 않는다. 바로 그것을 바꾸어야 한다. 우선 당신의 제안에 어떤 유익이 있는지 설명함으로써 저항을 극복해야 한다. 그 다음에 상대의 상상력을 자극하여 그가 당신의 관점과 제안의 가치를 볼 수 있게 해야 한다. 영감을 자극하는 설득력 있는 어조로 접근한다.

빨간 상자

여기서는 글쓰기가 힘들어진다. 상대는 당신을 지지하지 않으며 당신의 제안대로 행동할 입장도 아니다. 불가능한 상황이라고 말하고 싶어질 것이다. 그러나 반드시 그런 것은 아니다. 가장 좋은 방법은 먼저 감정적인 문제를 처리하는 것이다. 그렇지 않은 이상 상대는 항상 그 장애물 뒤에 숨어서 당신의 노력을 헛되이 만들 것이다. 이해심을 나타내고 유화한 어조를 유지한다.

파란 상자에서는 최대한 간결성을 유지하면서 사실에만 고착해야 한다. 초록 상자에서는 진행 과정을 설명하는 데 주력한다. 노란 상자에서는 기회를 부각시키면서 독자의 상상력을 자극하도록 한다. 마지막으로 빨간 상자는 감정적인 문제를 주로 다루게 된다.

일단 각 영역의 특징을 살리되 필요에 따라 세부적으로 파고들어도 좋다.

장애물과 장벽

교차점이 파란 상자에 있다면 마음이 한결 가벼울 것이다. 그러나 교차점이 다른 상자들 안에 있다면 어떤 것의 방해를 받고 있다는 것이다. 거기에는 장애물과 장벽이 있다.

초록 상자에 속하는 과제라면 상대는 당신을 지지하는 태도를 보이지만 문제점을 안고 있다. 우선 당신이 할 일은 상대방의 문제점을 정확하게 파악하는 것이다. 그에게 보내는 글에서는 문제점을 인정하는 데서 끝나지 말고 직접 그것을 언급하며 해결책을 찾도록 도와야 한다. 글쓰기를 계획할 때부터 그 문제점에 대해 당신이 아는 점을 모두 써 내려가고 상대방이 특히 어떤 점을 극복해야 하는지 분석해 보자.

노란 상자나 빨간 상자의 경우라면 상대는 당신을 지지하지 않는다. 이때의 급선무는 상대방이 당신이나 당신의 글에 대해 부정적으로 느끼는 이유를 찾아내는 것이다. 그것들을 메모해 두자.

빨간 상자는 이중고, 즉 감정적인 거부감과 실질적인 어려움 2가지를 모두 해결해야 하는 문제점을 안고 있다. 쉽지 않겠지만 일단 관련된 문제점을 낱낱이 적고 이를 해결할 커뮤니케이션 전략을 세워야 한다.

이 연습의 핵심은 구체적으로 표현하는 것이다. "그는 나를 좋아하지 않는다." 이런 식으로 쓰지 말자. 그 이유를 적어 보자. "그는 나의 제안을 마음으로부터 지지하기 어렵다고 생각할 것이다." 이런 식으로도 쓰지 말자. 그보다는 그가 직면할 반대의 정확한 성격을 적어 보자.

당신이 특정 제안에 대해 막연히 생각하고 이야기한다면 결코 그것에 대한 지지를 얻을 수 없을 것이다.

틀 분석

논거의 틀(frame)을 만드는 것은 원하는 방향으로 상대방을 이끌어 갈 수 있는 매우 효과적인 방법이다. 이러한 개념은 새로운 것이 아니다. 아리스토텔레스는 이것을 아테크노이(atechnoi), 키케로는 스타시스(stasis)라고 일컬었다.

이 개념은 '다음에 이어지는 판단에 영향을 주기 위해 시각을 제시하고 중요점을 조정하는 심리적인 장치'라고 정의되어 왔다.

본질적으로 이것은 당신의 주장이나 명제를 반대 주장에서 분리시켜 주는 문맥에 집어넣는 방법이다.

심리학자이자 컨설턴트인 켈튼 로즈(Kelton Rhoads)는 자신의 웹사이트 work ingpsychology.com에 몇 가지 재미있는 예를 소개한다.

한때 전 세계의 이목을 끌었던 재구조화(reframing) 사건은 바로 O.J. 심슨의 살인 혐의 재판이었다. 그 문제에 대한 법적 논리 틀은 무죄 아니면 유죄로 매우 단순했다. 그러나 양측 변호사들은 배심원단을 설득하기 위해 주장을 재구조화하느라 매우 힘겨운 싸움을 벌였다. 검사 측은 아내를 구타하는 힘센 남자 대 연약한 여성 피해자를, 변호인 측은 소수 민족의 일원으로 희생양이 된 사람 대 인종 차별 성향이 강한 강압적인 백인 경찰을 기본 틀로 삼았다. 이 사건의 놀라운 결과는 변호인 측이 배심원들의 선택 폭을 좁혀 간 과정을 살펴보면 이해할 수 있다. 그 논거 틀 안에서는 누가 보더라도 경찰이 인종 차별적인 태도를 보였다는 사실이 명백하다는 평결 외에는 뚜렷한 평결을 내릴 수 없었다. 피의자는 결국 무죄 판결을 받았다.

로즈는 사람들이 일상생활에서 흔히 사용하는 구조화를 재구조화(reframing), 초점 구조화(focus reframing), 대조 구조화(contrast reframing)의 3가지로 구분했다.

DVD 플레이어를 사러 전자 제품 상점에 왔다고 가정해 보자. DVD 플레이어를 꼭 사야겠다고 생각하는 것은 아니다. 따라서 현재 상황의 틀은 그저 'DVD 플레이어를 산다' 아니면 '사지 않고 그냥 집으로 간다'로 정리할 수 있다. 그러나 판매원이 다가와 요즘 TV에서 매일 광고하는 아주 멋진 모델을 소개하면서 그 제품을 사면 광고나 게임쇼, 리얼리티 프로그램 등 원하지 않는 프로그램을 제외하고 보고 싶은 모든 프로그램만 볼 수 있다는 점을 강조할 수 있다.

이렇게 되면 소비자의 마음은 금방 재구조화 과정을 거친다. 이제 DVD 플레이어는 구입 여부의 문제를 벗어나 영화 전용 혹은 텔레비전 연결용 플레이어 중에서 어느 것을 택할지의 고민이 된다. 이것은 처음의 구매 여부에 대한 것보다 한결 더 쉬운 고민거리다.

아침 식사용으로 건강에 좋은 시리얼 바를 찾을 때 내용물의 95퍼센트가 무지방이라고 적힌 포장지를 보면 마음이 끌릴 것이다. 이는 초점 구조화의 적절한 예다. 즉 관심사가 긍정적인 면에 맞춰진 결과 그 제품에 대해 호감을 갖게 된다. 이러한 초점 구조를 거부하고 싶다면 나머지 5퍼센트가 순수 지방 덩어리라는 부정적인 사실을 자신에게 부각시키자. 그러면 호감도가 낮아질 수 있다. 지방 덩어리가 5퍼센트 들어 있는 음식이라면 선뜻 먹고 싶은 생각이 들지 않을 확률이 높을 것이다.

대조 구조화는 옛날에 집집마다 찾아다니며 백과사전을 팔았던 방문 판매원들이 애용하던 방식이다. 이 방식은 매우 값비싼 물건의 외적 비용을 최소화하는 데 이용될 수 있다. 백과사전 판매원은 뛰어난 언변으로 집주인의 마음을 사로잡지만 비싼 가격 때문에 머뭇거리는 고객에게 장기 할부가 가능하다는 점을 강조할 것이다. 예를 들어 5년 동안 매달 20달러를 내면 1,000달러짜리 백과사전 전집을 살 수 있다고 말하는 식이다. 그렇게 계산하면 책값이 별로 부담스럽게 느껴지지 않는다. 이를 다시 한 번 바꾸어 하루에 64센트밖에 안 든다고 말하면 부담은 더욱 줄어든다. 그 정도 비용이라면 하루에 콜라 한 캔 사 먹는 값도 되지 않기 때문이다.

이렇게 해서 하루에 콜라 한 캔을 먹는 비용과 자녀 교육의 가치를 대비시키는 것이 바로 대조 구조화의 전형적인 예다. 아마 세상에서 가장 지독한 구두쇠가 아니라면 자녀 교육에 그 정도 투자하는 것쯤은 결코 망설이지 않을 것이다.

최근에 실제로 나도 이런 경험을 한 적이 있다. 아메리칸 익스프레스로부터 건강 보험 상품을 소개하는 전화가 걸려왔다. 매달 36달러, 하루에 1달러가 조금 넘는 저렴한 가격이라고 말했다. 그 정도면 매일 마시는 커피 한 잔 값보다 싼 것이었다.

일단 목표를 정하고 독자가 어떤 반응을 기대할지 생각해 두었다면 이제 그가 고를 수 있는 선택지의 폭을 좁히기 위해 글의 주장을 어떤 구조로 펼칠지 궁리해 보자. 당신은 독자가 무엇을 고르든 당신이 수용할 만한 방식으로 그러한 선택지들을 제시할 수 있는가?

이것은 아주 기본적인 수준에서 효과를 발휘할 수 있다. 몇 년 전에 나는 한 보험설계사와 함께 한 모임에 참석하게 되었다. 그는 유난히 집요해서 피하고 싶은 인물이었다. 그러나 어찌된 일인지 그는 나를 자기 사무실로 계속 끌어들였다. 나중에 나는 영업하는 친구를 통해 그의 비법을 알게 되었다. 글이나 전화로 나를 불러들이는 메시지는 "10일 화요일에 시간 있으세요?" 처럼 단순한 것이 절대로 아니었다. 세일즈맨들은 항상 선택지를 제시한다. 이를테면 "10일 화요일과 12일 목요일 중에서 언제가 더 편하신가요?"라고 묻는다. 그러면 대개 사람들은 최대한 시간을 벌려는 심산으로 후자를 선택한다. 나도 그러한 전략에 말려들어 보험설계사를 계속 만난 것이다. 사실 그의 입장에서는 선택지로 제시한 두 날짜 중에서 내가 어느 쪽을 택하든 상관없었다. 즉 내게 선택권을 넘겨준 것 같았지만 결과는 이미 그가 장악하고 있었다.

격식

당신의 글이 어느 정도 격식을 차려야 할지 결정할 때는 아래의 3가지 사항
을 고려하자.

1. **독자와의 개인적인 관계**
2. **독자와의 공식적인 관계**
3. **독자에게 당신의 글이 미치는 영향**

아래 도표는 커뮤니케이션에서 격식 요소를 결정하는 데 도움이 되는 것이
다. 3가지 질문에 답변해서 점수를 매기는 방식이다.

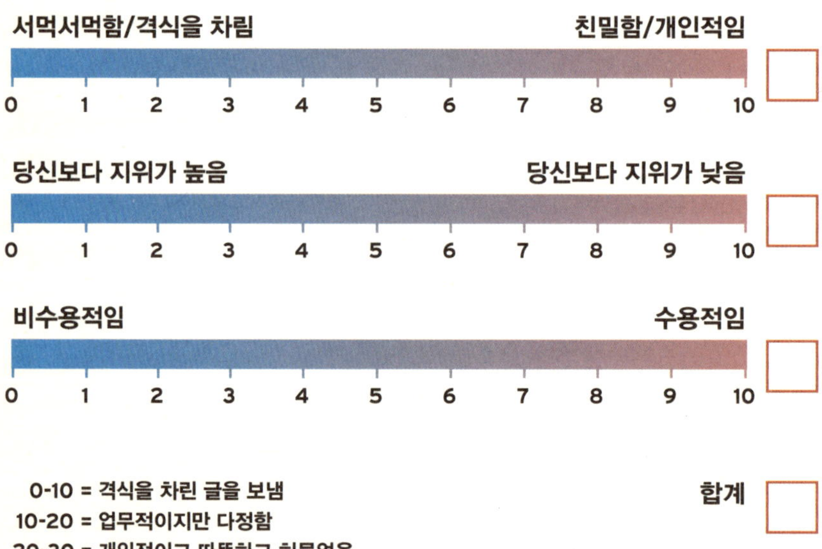

첫 번째 질문을 해 보자. "상대와 개인적으로 얼마나 친밀한 관계인가? 아주 친하고 잘 아는 사이인가 아니면 서먹서먹하고 격식을 갖추어야 하는 관계인가?" 위 도표 상에서 빨간색이 짙어질수록 친밀한 관계를 뜻하며 반대 방향은 서먹서먹한 관계를 나타낸다. 당신의 경우는 어디쯤에 해당하는지 생각해 보고 이를 점수로 환산한다. 예를 들어 평소에 잘 알고 지내는 사람이고 자주 만나 어울리는 경우라면 9점이나 10점을 매길 수 있다. 그러나 어쩌다 마주치면서 간단한 인사 정도를 나누는 사이라면 5점이 적당할 것이다. 마지막으로 아주 가끔 만나는 고객이라면 1, 2점밖에 매길 수 없다.

다음 질문이다. "직장 내 서열에서 상대방과의 관계는 어떠한가? 당신보다 지위가 높은 사람인가 아니면 낮은 사람인가?" 당신보다 지위가 낮은 사람이라면 당연히 점수를 높게 매겨야 한다. 서열상 차이가 없다면 5점, 당신보다 지위가 높은 사람이라면 파란색이 짙은 쪽에 가깝게 점수를 매기면 된다.

두 번째 질문은 다소 직설적이거나 자의식을 드러내게 만든다는 생각이 들지 모른다. 그러나 이것은 비즈니스 글쓰기와 관련해 아주 미묘한 절차를 강조하려는 것이다. 당신보다 높은 지위에 있는 사람을 대할 때는 어느 정도 격식을 갖추어야 상대방을 존중한다는 느낌을 전할 수 있다. 반면에 지위가 높은 사람이 자신보다 낮은 지위의 사람에게 글을 쓸 때는 친근한 어조를 사용하는 것이 좋다. 그래야 권위적이라는 부정적인 반응을 누그러뜨릴 수 있다.

마지막 질문이다. "상대방이 내가 쓰는 글의 내용을 좋아할 것인가 아니면 싫어할 것인가?" 예상되는 반응이 긍정적이라면 점수를 높게 매길 수 있다. 그러나 그다지 좋은 소식이 아니라면 점수를 낮게 매겨야 한다.

이렇게 해서 3가지 점수를 합산하고 도표 아랫부분의 설명에 따라 총점의 의미를 파악하면 된다. 간단히 말해 0~10점은 격식을 강조해야 한다. 10~20점은 비즈니스 느낌을 주되 친근한 어조를 사용하고 마지막으로 20~30점은 격식을 갖추지 말고 최대한 편안한 느낌을 주는 것이 좋다.

일단 격식 요소를 파악하고 나면 적절한 매체를 고르기 쉬워진다.

매체

아래 목록은 격식을 차리는 정도에 따라 가능한 여러 매체를 나열한 것이다. 위쪽에 제시된 매체일수록 격식을 강조한 것이다.

1. **개인적인 편지**
2. **겉장에 자필 서명이 들어간 고급 인쇄 자료**

   (제안 사항, 법적 서류, 회사 보고서 등)
3. **이메일 첨부 파일**
4. **이메일**
5. **직접 쓴 메모**
6. **겉장 없이 편의에 따라 인쇄한 자료**

   (뉴스레터, 전단지)
7. **참조 이메일**
8. **숨은 참조 이메일**

요즘은 디지털 매체를 이용한 커뮤니케이션이 보편화되어 있으므로 전용 편지지에 깔끔하게 인쇄한 편지야말로 상대방에 대한 최대의 배려와 최상의 격식을 갖춘 매체라고 할 수 있다. 이보다 더 격식을 강조한 매체는 찾아보기 어렵다.

그러나 우리는 종이 편지를 거의 받지 않기 때문에 종이 편지는 아주 희귀하고 심지어 소중한 느낌마저 들기 시작했다.

희소성이 전적으로 가치를 결정하는 것은 아니지만 어쨌든 종이 편지는 독특한 면이 있다. 글쓰기 스타일은 격식을 갖추었을지 몰라도 마지막 부분의 자필 서명은 그 편지에 개인적인 관계와 직접적인 느낌이 강조되었다는 것을 보여 준다. (서명도 인쇄하거나 비서가 '추신'이라는 표현을 덧붙이면 이런 효과를 기대할 수 없다.) 물론 이런 편지를 복사해 여러 사람에게 동시에 보낼 수도 있지만 여전히 수신인 한 명을 강조하므로 발신자와 수신자 간의 개인적인 관계가 부각된다. 아마도 밀봉된 봉투에 담겨 배달된다는 점에서도 그런 느낌이 더욱 강조될 것이다.

또한 감정적인 면에서 보더라도 편지는 손으로 직접 만질 수 있는 데다 글쓴 이의 커뮤니케이션이 현실 세계에 드러난 결과물이라고 할 수 있다. 그러나 이와 달리 이메일은 가상 세계에 속하는 매체로서 편지에 비해 추상적인 느낌이 매우 강하다. 이메일은 종이에 인쇄해도 진지함이나 격식 면에서 편지를 능가하지 못한다.

편지보다 격식을 조금 덜 강조한 매체로는 대량 인쇄물이 있다. 법적 서류, 회사 보고서, 비즈니스 관련 제안 등이 이에 속한다. 이런 것들은 대중에게 배포하려고 만들어지는 것이므로 개인적인 느낌이 크게 줄어들지만 겉에서명한 봉투 속에 넣으면 그런 효과를 조금 만회할 수 있다.

이메일로 격식을 갖춘 메일을 보내야 한다면 내용은 별도의 문서에 담아 일반 우편으로 먼저 보낸 다음 이 내용을 다시 이메일의 첨부 파일 형식으로 발송하면 된다. 이렇게 하면 이메일도 '실제' 편지와 비슷한 느낌을 줄 수 있다. 이메일이 일종의 겉표지 역할을 해 주고 즉각적인 전송 효과를 기대하는 동시에 고전적인 방식의 편지가 주는 개인적인 느낌이나 적절한 격식을 갖추었다는 느낌이 상대방에게 전해진다.

문제는 이메일이 격식을 차리지 않게 마련인 매체라는 점이다.

이메일에 쓰이는 표현이나 글쓰기 스타일을 보면 이 점을 금방 알 수 있다. 인사를 생략하는 것은 당연하고 문법이나 구두점 사용을 무시하는 것은 다반사다. 이렇게 하면 메시지의 긴급성을 강조하는 효과는 있을지 모르지만 편지로서의 격식은 급격히 떨어진다. 이런 요소 때문에 비즈니스 서한으로서 이메일의 효용성은 매우 낮게 평가된다. PDA로 이메일을 보내거나 휴대폰으로 문자 메시지를 보낼 때도 단어나 문장 축약이 워낙 많다 보니 아예 이메일이나 문자 메시지 전용 표현이 생겨날 정도가 되었다. 효율성이나 속도, 개인적인 친근감을 표시하는 데는 적합할지 몰라도 비즈니스 서한의 격식과는 거리가 멀다.

이와 비슷하게 손으로 직접 쓴 메모 역시 개인적인 느낌은 강조되지만 격식은 크게 반감된다. 그러나 예외적으로 '파란 상자'에 해당하는 사람들과 커뮤니케이션할 때는 오히려 손으로 직접 쓴 글이 그들의 반응과 동의를 우호적으로 이끌어 낼 확률이 높다. 그러나 이 외에는 손으로 직접 편지를 쓰는 일은 가급적 피하는 것이 좋다.

마지막으로 가장 마지막에 제시된 것은 질적인 면에서도 성의가 없고 친근감의 표현이 가장 낮은 매체인 '참조' 메일이다.

일반 인쇄물이란 대중에게 배포할 목적으로 만들어지는 뉴스레터, 전단지 등을 가리킨다. 이런 인쇄물은 개인적인 관계를 전혀 암시하지 않으며 결국 쓰레기통에 들어갈 확률이 높다.

참조 메일은 수신자에게는 중요한 메시지가 될 수도 있지만 참조 수신인들에게는 그야말로 참조용 복사물에 불과하다. 현대에는 거의 모든 사람이 수많은 스팸 메일의 공격을 받고 있으므로 대개 '참조' 메일을 대충 훑어보거나 아예 답장도 보내지 않을 것이다.

물론 예외는 있다. '숨은 참조' 메일은 메일 발송자와 숨겨진 수신인, 즉 비밀 수신인 사이에 모종의 결탁 관계가 있음을 암시하는 것이다. 숨은 참조 메일은 속임수의 일종으로 개인적인 접근법이긴 하지만 격식 있는 태도라고 볼 수는 없다. 따라서 이런 방식으로 글을 전하는 것은 부정적인 인상을 남기게 마련이므로 이 방법은 사용하지 않는 편이 좋다.

사람들은 대부분 자신이 전달받은 방식과 동일한 매체를 사용하여 답장을 보내는 경향이 있다.

당신이 내게 이메일을 보낸다면 나는 십중팔구 '회신' 버튼을 눌러 이메일로 답장을 보낼 것이다. 이러한 반사 행동에 의문을 던져 볼 만하다. 내가 이메일을 보내도 당신은 격식을 차려 편지를 써서 답장을 보낼 수 있다. 전달 매체를 바꾸는 것만으로도 강한 인상을 심어 줄 수 있다. 아니면 긴박감을 조성하거나 더 개인적인 이야기를 하려고 편지를 보내는 대신 전화를 하기로 마음먹을 수도 있다.

당신이 어떤 매체를 선택하든 그것은 글의 내용과는 별도로 커뮤니케이션의 격식에 대한 인상을 심어 주게 될 것이다.

요약과 행동 포인트

1. 커뮤니케이션 과제의 성격을 결정하라. 파란 상자, 초록 상자, 노란 상자, 빨간 상자 가운데 어느 곳에 해당하는 문제인가?

2. 글의 내용을 이해하고 수용하는 데 방해가 될 만한 장애물이나 장벽이 있는지 확인해 보자.

3. 논거에 알맞은 틀을 생각해 보라. 원하는 방향으로 상대방의 관심사를 이끌어 갈 수 있는 관점을 만들어 보자.

4. 글에 어느 정도의 격식을 갖추어야 할지 결정하자.

5. 필요로 하는 격식에 맞는 매체를 선택하자.

최근에 작성한 글을 한 편 찾아내어 다음과 같이 해 보자.

1. 당신이 쓴 글이 '과제 분석 도표'에서 어떤 색의 상자에 속하는지 결정한다.

2. 논거나 요청을 재구조화한다.

정보 취합하기

이제 글을 쓰는 목적과 바라는 결과를 명확하게 정리했다. 이 두 가지는 글의 DNA 역할을 할 것이다. 과제의 성격을 규정하고 장애물과 장벽을 파악한 다음 그에 어울리는 논거 틀을 결정했으며, 글에 필요한 격식의 수준을 고려하고 적합한 전달 매체를 선택했다.

그런데도 당신은 아직 한 단어도 종이에 옮기지 않았다. 하지만 괜찮다. '계획' 단계의 절반을 약간 지났을 뿐이므로 현재로서는 간단한 메모만 하고 있어야 한다.

글의 골격에 살을 붙여 줄 정보를 수집하고 정리할 준비가 된 것이다.

그렇게 하기 위해 우리는 마인드맵(mind map)으로 글쓰기의 목적을 작성하고 '주장, 가치, 증거(Claim, Value, Proof)'라는 과정을 이용해 당신이 주장하는 것과 그것이 주는 이점을 구별하는 법을 배우게 된다.

당신에게는 주장이 중요하겠지만 상대의 진짜 관심사는 그 주장에 따르는 이점이다.

마인드 맵 만들기

마인드맵은 토니 부전(Tony Buzan, 1942~)이 고안한 기법이다. 부전은 마인드맵을 주제로 하여 책을 많이 썼다. 같은 개념을 응용한 다른 기법들도 많지만 나는 마인드맵이 가장 발전된 형태라고 생각한다.
부전은 대학 시절에 노트 필기를 더 잘할 수 있는 방법을 찾던 중 기억력 향상 도구로 이 시스템을 개발했다. 그러나 이후로 마인드맵은 창의적인 사고를 자극하거나 정보를 정리하는 데 매우 유용한 도구로 입증되었다.

생각은 대개 두서가 없는 데 비해 우리가 쓰는 글은 일직선

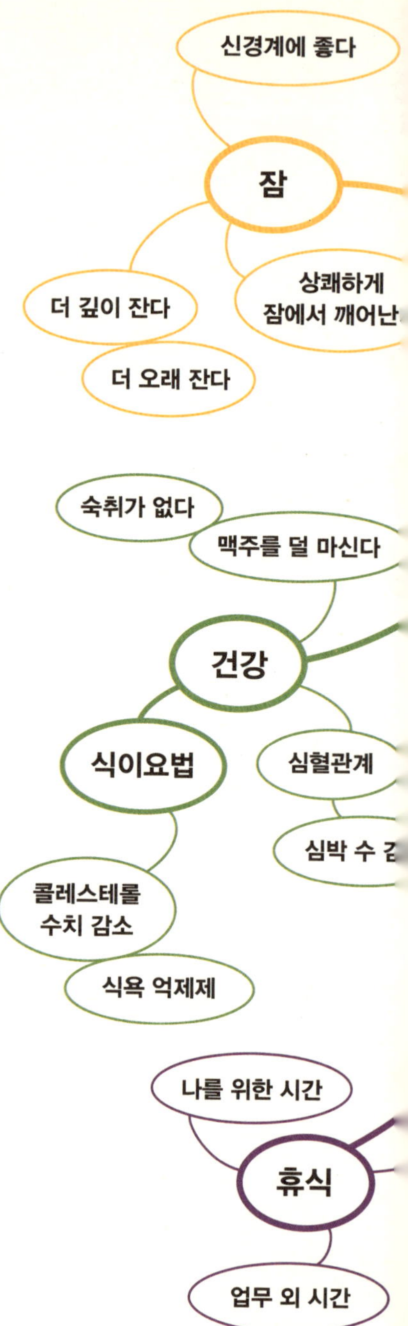

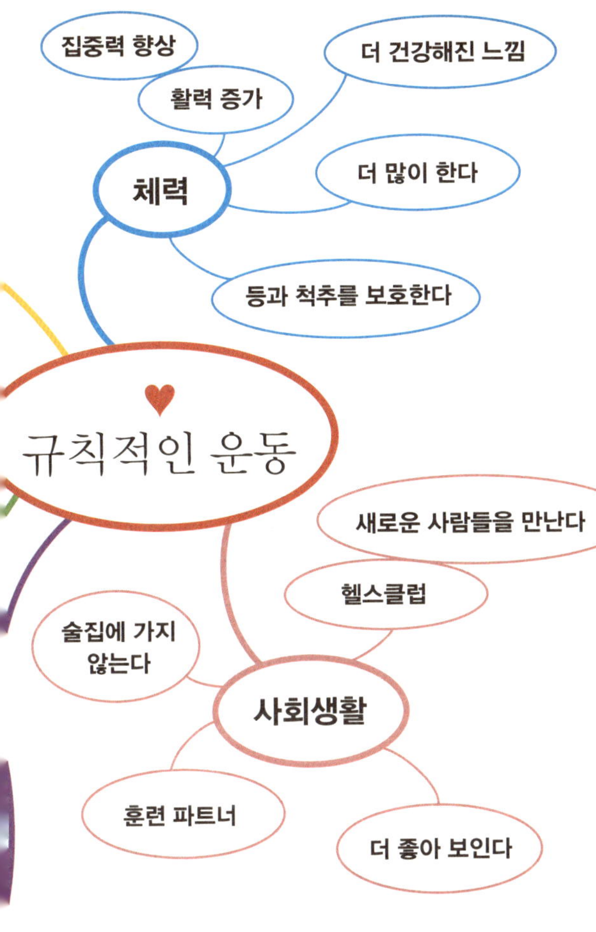

처럼 정돈되어야 한다.

우리는 자신이 전개하고 있는 주장에 상대의 시선을 고정시킨 채 한 지점에서 다른 지점으로 이끌어 가야만 한다. 마인드맵의 장점은 뒤섞이고 정리되지 않은 정보 덩어리를 목적에 맞는 의미 있는 것으로 배열할 수 있게 한다는 것이다.

사실 마인드맵은 우리의 사고 중심에 목표를 놓아두고 직접 알고 있는 모든 것을 그 목표에 관련시킨다. 이렇게 우리가 알고 있는 모든 것을 한눈에 파악함으로써 어떤 정보와 아이디어가 필요하고 관련이 있는지 즉시 판단할 수 있다.

마인드맵은 두뇌의 자연스러운 연상과 상상 과정을 모방하기 때문에 의외로 그리기가 아주 쉽다.

필요한 것은 깨끗한 종이 한 장과 컬러 펜 몇 자루뿐이다. (나 개인적으로는 4색 펜 한 자루가 마인드맵 작성에 최적이라고 생각한다.)

앞 그림이 마인드맵 작성 과정이다. 연습 삼아 규칙적인 운동의 유익함이라
는 간단한 주제를 설정하고 그것에 대해 설명하는 편지를 쓰고 있다고 상상
해 보자.

1단계 : 종이 한가운데에 글의 목적이나 핵심 메시지를 적는다. 여기에서는
‘규칙적인 운동’을 써넣는다. (종이를 가로로 놓고 사용하면 공간이 더 많이
생긴다.) 그러고 나서 규칙적인 운동을 연상할 수 있는 이미지를 그려 본다.
마인드맵에서 그림 솜씨는 중요하지 않다. 그림을 그리는 이유는 우뇌의 시
각적 창의력을 자극하려는 것이다.

2단계 : 한가운데에서부터 4, 5개의 가지를 그리되 각기 다른 방향으로 뻗게
그린다. 정적인 직선보다 살아 움직이는 듯한 곡선이 낫다. 곡선마다 색깔을
다르게 하라. 그러면 상상력이 더욱 자극될 뿐만 아니라 각 주제어별로 머릿
속에 떠오르는 내용을 정리하는 데도 도움이 된다. 마인드맵이 복잡해질수
록 색깔 구분이 얼마나 유용한지를 깨닫게 될 것이다.

3단계 : ‘규칙적인 운동’에 대해 생각한 다음 먼저 떠오르는 핵심어 4, 5개를
추가해 적는다. 굵직한 주제들은 무엇일까? 앞에서 그린 가지들의 끝에 핵심
어를 하나씩 적어 넣는다. 그림에서 볼 수 있듯이 나는 건강, 잠, 체력, 휴식
을 선택했다. 나중에 규칙적인 운동이 사회생활에도 자극이 될 수 있다는 생
각이 들어서 가지 하나를 추가했다.

4단계 : 각 가지의 끝으로 가서 핵심어를 중심으로 새로운 가지를 쳐 나가 보
자. 각 핵심어와 관련된 구체적인 단어들을 생각해 낸다. 마인드맵을 계속
키워 보자. 새로운 생각으로 또 다른 생각을 떠올리면서 계속 추가해 나가

자. 가지들이 가득 차서 더 이상 아무 생각도 떠오르지 않을 때까지 그렇게 하자.

이 과정이 끝날 무렵이면 그 주제에 대해 알고 있는 모든 것이 종이에 옮겨졌을 것이다.

그러나 마인드맵은 생각, 정보, 아이디어를 나열한 목록과 달리 모든 것을 주제별로 묶는다.

각 주제는 글의 목적과 직접적으로 연관되어 있다.

마인드맵은 흐릿한 사고 경로를 추적해 생각을 시각화해 주며 새로운 방향으로 생각을 발전시킬 수 있도록 해 준다. 이런 의미에서 마인드맵은 창의성을 자극한다. 마인드맵에서 할 일은 가지들의 끝을 연결해 새로운 아이디어들이 피어나는 것을 보는 것이 전부다.

예를 들어 규칙적인 운동에 대한 마인드맵에서 나는 임의로 식이요법과 사회생활을 연결해 웰빙 식품 카페에서 친구를 만난다는 생각으로 발전시킬 수 있다. 그리고 식이요법과 잠을 연결하면 잠자리에 들기 전에 심신을 편하게 해 주는 음식을 먹는다는 새로운 아이디어를 떠올릴 수도 있다. 단순한 연상 과정으로 자연스럽게 나타나지 않을 연결들을 만들기로 작정한다면 마인드맵은 마음이 무시해버렸을 사고 경로를 찾아낼 수많은 기회를 제공한다.

새로운 생각이 떠오르면 가장 어울릴 것 같은 가지에 붙이거나 새로운 가지로 만들자.

마인드맵 작성 과정이 끝날 무렵이면 알고 있는 모든 정보가 주제와 소주제별로 정리되어 있는 것을 한눈에 볼 수 있게 된다. 모든 것은 색상별로 표시되어 있다. 이제 시각화 과정을 거쳤으므로 이 정보를 기억하기가 훨씬 더 쉬울 것이다.

이제 글 재료가 준비되었다. 그러나 재료를 사용하기 전에 불순물을 제거해야 한다.

주장, 가치, 증거

글의 주장과 이점 사이에는 커다란 차이가 있다. 글을 쓰는 입장에서는 주장이 가치 있게 여겨지겠지만 상대는 별로 흥미를 느끼지 못한다.

예를 들어 새로운 기계 장치를 만든 후 그것이 세계적으로 유명하다는 것을 주장한다고 가정해 보자. 이 기계 장치는 지구상에서 가장 유명한 기계 장치다. 다음과 같은 말로 이 주장을 입증할 수도 있다. "조사 결과 문명국가의 70퍼센트가 우리 회사의 기계 장치에 대해 알고 있습니다." 인상적이다.

그러나 이것은 어디까지나 주장일 뿐이다. 인상적이면서도 구매 동기를 불러일으키려면 이점으로 바꾸어 제시해야만 한다.

당신의 마인드맵에 있는 많은 정보는 주장, 아이디어, 사실의 형태일 것이다. 이것을 사용하기 전에 '주장, 가치, 증거'라는 과정을 거쳐야 한다.

다시 기계 장치 이야기로 돌아가자. 아직 우리 제품을 보유하고 있지 않은 소매업자에게 편지를 쓰고 있다고 가정해 보자. 그 기계 장치의 명성이 독자에게 어떤 가치가 있을까? 가능한 답을 찾기 위해 서로 입장을 바꿔 놓고 간단한 질문을 해 보자.

상대의 눈으로 당신의 주장을 살펴보고 '이것이 내게 무슨 이익이 되지 (WIIFM)?'라고 물어보자.

나의 주장 : "저희 기계 장치는 세계적으로 매우 유명합니다."
　　　상대의 반응 : "WIIFM?"
수정한 주장 : "저희 제품은 유명해서 소비자들이 신뢰합니다."
　　　상대의 반응 : "정말? WIIFM?"

재수정한 주장 : "소비자들이 저희 제품을 믿고 구매합니다."
　　　상대의 반응 : "잘됐군. WIIFM?"
한 번 더 수정한 주장 : "저희 제품은 평판이 좋아서 더 많이 판매하실 수 있습니다."
　　　독자의 반응 : "흥미롭군. WIIFM?"
또다시 수정한 주장 : "판매하시는 양이 늘면 단가를 더 낮춰 드리겠습니다. 그러면 수익 마진이 커져 돈을 버실 수 있습니다."
　　　독자의 반응 : "한 트럭 보내 주세요. 가게를 하고 있어요."
우리는 주장의 가치를 찾아내고 돈을 벌 수 있다는 이익을 명시했다. 처음부터 "저희 기계 장치는 귀하의 수익성을 높여 드릴 것입니다. 세계적인 명성 때문에 높은 이윤으로 대량 판매가 용이합니다."라는 식으로 주장을 제시했다면 많은 대화가 필요 없었을 것이다.

커뮤니케이션이 설득하기 위한 것이라면 당신이 주장하는 모든 내용이 가치를 지니도록 만들어야 한다.

이미 살펴보았듯이 비즈니스 생활에는 6가지 핵심 가치와 동기 부여 요소가 있다.
1. 돈을 번다
2. 돈을 아낀다
3. 시간을 아낀다
4. 좋게 보인다
5. 기분이 좋다
6. 안정감을 느낀다

상대가 "WIIFM?"이라고 질문할 때 그는 당신의 주장이 위의 6가지 이점들 가운데 한 가지를 가져다주기를 원하는 것이다.

그러나 이점을 제시하는 것만으로는 충분하지 않다. 그것을 증명해야 한다.

그렇다고 말한다고 해서 그렇게 되는 것은 아니다. 상대가 당신이 어떤 말을 하든 무조건 믿어 줄 만큼 당신의 의견을 신뢰하지 않는 한 반박할 수 없는 구체적인 증거를 제시해 주장을 뒷받침해야 한다.

비즈니스 글쓰기에서 주장과 이점을 뒷받침하는 전형적인 접근법은 다음과 같다.
1. 사례 연구
2. 사용 소감
3. 전문가 의견
4. 사실과 통계
5. 시각 이미지
6. 시연

개인적인 편견을 모두 제거하는 것이 중요하다. 사례 연구는 가능하면 이름 있는 제3자로부터 제공받아야 하고, 사용 후기는 당신과 금전 관계에 있는 사람들에게는 받을 수 없다. 전문가 의견을 구할 때는 반드시 해당 분야에서 널리 인정받는 사람을 섭외해야 하며 관련 사실을 첨부할 때는 진위 여부를 반드시 확인하고 출처를 밝혀야 한다. 시각 이미지나 시연을 보여 주면 소비자들에게 더 큰 신뢰감을 줄 수 있으며 당신이 아니라 소비자가 직접 판단할 수 있다는 장점이 있다.

사용 소감은 설득력이 부족하고 의혹의 대상이 되기 쉽다. 예전에 어느 항공사에서 탑승객들의 극찬에 가까운 이용 소감을 바탕으로 광고를 제작했다. 각 소감마다 "실제 탑승객이 하신 말씀입니다"라는 자막이 아래에 들어갔다. 그 자막은 오히려 소감의 신뢰성을 떨어뜨렸다. 심지어 탑승객들이 정말 아무런 편견 없이 칭찬한 것이 아니라 항공사에서 별도의 혜택을 받았을 것이라고 생각하게 만들었다.

앞서 강조한 것처럼 **그렇다고 말한다고 해서 그렇게 되는 것은 아니다.** 누가 봐도 객관적이고 신뢰성이 있어야 그렇게 되는 것이다.

정보를 마인드맵으로 정리하고 각 주장마다 동기를 유발하는 이점을 포함시키고 그것을 증명할 자료를 준비했다면 이제 글쓰기 계획 단계에서 한 가지 절차만 남은 셈이다.

글을 쓰기 시작하기 전에 글의 구조를 살펴볼 것이다.

1. 마인드맵을 작성해 글의 주제와 목적과 관련해 당신이 알고 있는 모든 것을 정리한다.

2. 제시하려는 주장을 다시 한 번 살펴보고 주장, 가치, 증명 과정을 거치게 한다. 상대의 마음을 움직일 만한 이점을 찾을 때까지 "WIIFM?" 질문을 계속해 보자.

3. 글에 포함시키고자 하는 모든 이점과 주장을 뒷받침할 수 있는 확실한 증거를 찾아내자.

연습 문제

1. '성공'이라는 단어로 마인드맵을 그려 보자.

2. 비즈니스에서 자주 하는 주장을 예로 들어 상대의 마음을 움직일 만한 이점을 찾을 때까지 "WIIFM?" 질문을 계속해 보자.

글의 구조 선택하기

글쓰기 준비 단계에서 자신과 상대방 모두가 좋아하는 커뮤니케이션 방식을 살펴보았다. 이제는 커뮤니케이션 스타일의 충돌을 피하고 상대와 주파수를 제대로 맞출 수 있게 되었다.

글쓰기 계획 단계에서는 글의 목적을 명확히 정리하고 그에 따라 커뮤니케이션 전략을 세웠다. 그리고 가진 정보를 정리해 마인드맵을 작성하고 이것을 엄격한 "WIIFM?" 질문을 거치게 했다. 이렇게 해서 상대의 마음을 끄는 이점을 갖게 된 당신의 주장은 기업들이 습관적으로 하는 종류의 주장과는 다른 것이 되었다.

글쓰기 계획에서 마지막으로 할 일은 글의 구조를 선택하는 것이다. 현재 비즈니스 글쓰기에서는 다음의 10가지 구조가 일반적으로 사용되고 있다. 각 구조마다 특정한 목표나 과제에 맞는 기능을 한다.

문제점과 해결책	추천할 때
원인과 결과	설명할 때
연대기	변명하거나 보강할 때
이야기	회고할 때
과정	지시할 때
비교	분석할 때
저널리즘	정보를 전달할 때
톱 앤드 테일	나쁜 소식을 전할 때
질문과 대답	명확히 설명할 때
다이아몬드	설득할 때

이 구조들을 차례로 살펴본 다음 마지막의 다이아몬드 구조에 초점을 맞출 것이다. 다이아몬드 구조는 아리스토텔레스의 수사학 원리들에서 파생한 과정을 포함하며 글을 좀 더 설득력 있게 쓰는 데 도움이 된다. 상대방의 행동을 변화시키거나 어떤 사항을 강력하게 추천하는 글을 쓸 때는 다이아몬드 구조가 반드시 필요하게 될 것이다.

앞으로 살펴보겠지만 다이아몬드 구조 내에서 다른 구조를 사용해 좋은 효과를 낼 수도 있다.

회사 내의 여러 주주들에게 각기 다른 형식의 글을 보내야 하는 간단한 상황을 설정해 위의 10가지 구조를 익혀 보자.

당신이 어느 고층 건물의 2, 3층에 입주해 있는 중소기업에 근무한다고 상상해 보자. 사무실 관리자로서 자원 관리 업무를 맡고 있는 당신은 각종 설비의 구매와 유지 보수에 필요한 예산을 다루며 추가 자금이 필요할 때는 이사회를 설득해야 한다.

최근에 미스터 바리스타라는 커피점이 근처에 문을 열었다. 현지 주민 2명이 운영하는 곳으로 사무실 복도 끝에 있는 자판기 커피보다 훨씬 더 좋은 커피를 팔고 있다. 그런데 커피를 사 먹는다고 직원들이 너도나도 사무실을 비우는 바람에 시간 손실은 물론이고 전화 받을 사람도 없을 때가 빈번해졌다. 게다가 회사에서 커피를 제공하지 않아 각자 비싼 돈을 내고 커피를 사 마셔야 한다는 것에 대해 불만의 목소리가 높아졌다.

이 문제는 앞으로 더 큰 논란을 일으킬 것이다. 사무실 관리자로서 당신은 어떻게 해야 할까? 위의 다양한 글의 구조들이 어떻게 사용되는지 살펴보자.

문제점과 해결책 – 추천할 때

문제점과 해결책 구조는 직접적으로 추천하는 데 용이하므로 경영 컨설턴트들이 애용하는 글의 구조다. 이 구조는 간단한 2단계로 이루어진다.

1. 문제점을 언급한다.
2. 문제 해결을 위한 행동 방침을 설명한다.

그러나 이 방법은 문제점을 어떤 식으로 제시하느냐에 따라 역효과를 가져올 수 있다. 문제 상황을 바라보는 당신과 독자의 시각이 일치하지 않으면 당신의 글을 읽고 나서 오히려 당신을 배척하거나 글에서 추천한 내용을 지지하지 않을 확률이 높아진다.

사무실 관리자로서 이사회에 보내는 편지를 쓸 때 이 구조를 적용한다면 다음과 같이 글을 전개할 수 있다.

이사진 여러분,

모두 아시다시피 최근에 직원들이 자리를 자주 비우는 문제와 관련해 접수되는 불만 건수가 급격히 늘고 있습니다. 이유는 아주 간단합니다. 미스터 바리스타라는 커피점으로 직원들이 몰리면서 이런 문제가 일어나고 있는 것입니다.

이 문제를 해결할 유일한 방법은 직원들에게 더 질 높은 커피를 제공하는 것이라고 생각합니다.

저는 건물 내에 있는 커피 자동판매기를 모두 교체하고 자판기 커피의 가격을 근처 경쟁업체들보다 더 싼값인 1달러로 책정할 것을 제안합니다. 첨부한 표에서 알 수 있듯이 커피 가격 인하로 발생하는 손실은 18개월 만에 충분히 만회할 수 있습니다. 그러면 미스터 바리스타는 머지않아 문을 닫을 것이며 모든 직원이 제자리로 돌아올 것입니다.

감사합니다.

표현이 거칠다는 점은 인정한다. 그러나 간단한 글의 구조를 보여 주었다. 어쨌든 여기에서 한 가지 문제가 생긴다. 이사회가 문제의 핵심은 커피 맛이 아니라 직원들이 휴식을 취하거나 서로 어울릴 공간이 부족한 것이라고 판단한다면 어떻게 될까? 어쩌면 후자가 직원들이 미스터 바리스타로 몰리는 이유일지 모른다. 만약 그렇다면 위 편지에서 당신이 제안한 사항은 거절당할 것이 뻔하다. 결론적으로 말해서 이 구조는 당신이 진짜 근본적인 문제를 파악했을 때에만 효과가 있다.

원인과 결과 – 설명이 필요할 때

이사회에서 당신에게 편지를 보내 갑자기 직원들이 커피 자판기에 대해 불평하는 이유를 묻는다.

이사진 여러분,

저도 역시 커피 자판기에 대한 불평을 수도 없이 듣고 있습니다.

이 문제는 지난 10월, 미스터 바리스타라는 새로운 커피 판매점이 코퍼레이션 애비뉴의 모퉁이에 생기면서 시작된 것으로 보입니다. 새로 문을 연 커피 판매점에서는 아주 저렴한 가격에 맛있는 카푸치노와 라떼를 마실 수 있습니다. 그러나 사내에 있는 커피 자판기

는 이것과 비교가 되지 않으므로 직원들 대다수가 하루에 두세 차
례 미스터 바리스타를 찾고 있습니다.

커피 판매점을 오가는 시간, 커피를 주문하고 기다리는 시간, 그리
고 커피를 마시며 다른 직원들과 잡담하는 시간을 고려해 보면 매
일 직원 한 사람당 거의 한 시간에 해당하는 생산성 손실이 나고 있
습니다.

전화 교환원들은 각 업무 담당자를 찾는 전화가 계속 밀린다고 말
하며 개인 비서들도 각종 회의 시간 조절에 어려움을 겪습니다. 고
객들의 불평도 계속 늘고 있습니다.

안타깝게도 별도의 해결책이 제시되지 않는 한 이 문제는 개선되지
않을 것으로 보입니다.

감사합니다.

원인과 결과의 구조에서는 제안할 필요 없이 문제를 설명하기만 하면 된다.

위의 편지를 읽어본 이사회는 사내 커피 자판기를 교체하기로 결정할 수도
있고, 자리를 비울 때는 꼭 휴대폰을 챙기도록 직원들에게 권장할지도 모른
다. 어떤 해결책을 제시하든 그것은 이사회의 몫이다. 그들은 몇 가지 해결

책이든 고려해 볼 수 있다.

연대기 – 변명하거나 보강할 때

신임 이사 한 명이 사무실의 황량한 분위기를 알아차리고 제대로 된 커피 자판기를 설치할 생각을 하지 못한 이유를 묻는다.

신임 이사님,

우리 회사가 이 건물에 입주한 것은 재작년 10월입니다. 당시 우리 회사는 여러 가지 업무 정비 문제로 예산이 아주 빠듯했기에 IT 기자재 마련에 집중할 수밖에 없었습니다.

저희도 커피 자판기 교체 문제를 생각해 보았습니다. 그러나 현재 거래 중인 커피 공급업체와는 내년 1월까지 계약한 상태입니다. 당시에는 커피 자판기에 관련된 큰 불만이 없었기 때문에 연말 이사회에서 계약을 24개월간 연장했습니다.

미스터 바리스타가 작년 10월에 개점하면서 직원들이 그곳으로 몰린 것이 문제의 발단이라고 생각합니다.

연대기식 구조는 뛰어나고 명확한 설명을 제시해 과거에 하지 못한 행동에
대해 변명하거나 전략을 바꿀 필요성을 보강해 주는 역할을 한다. 상대가 앞
으로 협조적으로 행동하기 원한다면 과거에 어떤 일이 벌어졌는지 알려 주
어야 한다. 연대기식 구조는 관련 책임이나 아쉽게 기회를 놓친 것보다는 발
생한 사건에 초점을 맞추므로 객관성이 강조된다. **연대기식 구조는 "지금까
지 상황은 이렇습니다" 형식으로 앞으로 해야 할 일에 대해 논의할 수 있는 발판
을 마련해 준다.**

이야기 – 회고할 때

이야기식 구조는 앞서 살펴본 연대기식 구조에 개인적인 색채를 더한 것이
다. 따라서 이 구조에서 글쓴이는 1인칭 시점에 놓인다. 이야기식 구조는 상
대로 하여금 사건에서 글쓴이가 한 역할을 검토하도록 유인하는 것이다.

이 경우에는 글을 쓰는 이유가 미묘하게 달라진다. 신임 이사 한 명이 당신

에게 왜 이 문제에 아무런 조치를 하지 않았냐고 묻고 있다. 결국 사무실 관리 책임은 당신에게 있는 것이다.

신임 이사님,

저는 '커피 자판기 대실패'라고 불리는 문제에 대해 배경 설명을 드리고자 합니다.

우리 회사가 이 건물에 입주한 것은 재작년 10월입니다. 당시 건물주는 건물 임대 계약에 커피 자판기 사용 조건을 포함시켰습니다. 현재 거래 중인 커피 공급 업체와의 계약을 검토해 본 결과 당시 커피 자판기에 대한 불만이 없었으므로 계약을 갱신하기로 했고 24개월간 연장했습니다.

작년 10월에 코퍼레이션 애비뉴의 모퉁이에 미스터 바리스타라는 커피점이 생겼을 때 저는 깜짝 놀랐습니다. 질 좋은 커피와 멤버십 카드 제공으로 우리 회사 직원들은 곧 단골이 되었고 그 이후로 여러 명이 한꺼번에 자리를 비우는 사태를 겪고 있습니다.

저는 12월 이사회 회의에서 현재 사내에 설치된 커피 자판기를 없애고 미스터 바리스타에 가는 것도 금지하고 모든 직원이 각자 자리에 앉아 커피를 마시도록 하는 안건을 제안할 생각입니다.

감사합니다.

연대기식 구조는 객관적인 반면 이야기식 구조는 개인적으로 흐르는 경향이 있다.
이야기식 구조를 적용하면 독자에게 사건에 대한 글쓴이의 개인적인 관련
에 대해 생각하고 비평하도록 만들 것이다.

과정 – 지시할 때

지시할 때 가장 명확한 방법은 단계별 과정마다 할 일을 보여 주는 것이다.
여기서는 신임 이사가 당신으로 하여금 기존 커피 자판기를 더 나은 모델로
바꾸도록 결정했다.

신임 이사님,

새로운 커피 자판기를 설치하기로 하신 결정을 환영합니다. 이 문
제를 처리하기 위해 저희는 다음과 같은 일들을 해야 할 것입니다.

1. 자판기 공급 업체를 찾아서 비용과 배송일을 결정한다.

2. 건물주에게 연락해 기존 자판기를 치워야 할 날짜를 알려 준다.

3. 현재 거래 중인 커피 공급 업체와 계약을 파기하고 더 나은 서
비스를 제공할 새 업체를 물색한다. 현재로서는 '트루 브루 컴퍼니

(True Brew Company)'가 가장 유력하다.

4. 새로 설치하는 자판기는 사내뿐만 아니라 근처의 어느 커피점과 비교해도 손색없는 훌륭한 커피를 제공한다는 점을 직원들에게 대대적으로 홍보한다.

5. 미스터 바리스타의 문을 닫게 할 수 있는 경쟁력 있는 가격을 책정한다.

구체적인 진행 일정이 정해지는 대로 다시 연락드리겠습니다.

감사합니다.

과정이 정해지면 세부 사항을 관리하기가 더 쉬워진다. 관련 단계별로 정리할 수 있다. 과정을 빼면 세부 사항들이 금방 뿔뿔이 흩어져 엉망이 될 것이다. 과정대로 일을 처리하면 여러 사람에게 업무를 분담시키기도 더 쉬워진다.

비교 – 분석할 때

비교는 매우 효과적인 분석 도구다. **비교는 항상 공정해야만 한다.** 자신이 좋아하는 행동 방침을 의도적으로 실행 불가능한 것과 비교한다면 편견이 확연히 드러나 주장의 정당성이 훼손될 것이다. 편견이나 오해의 소지가 없는 글에서 비교 효과가 극대화된다.

여기 이사회에서는 자신들이 택할 수 있는 방안들을 알고 싶어 한다.

이사진 여러분,

우리는 결정할 필요가 있습니다. 새로운 커피 자판기를 설치해 사내에서 마실 수 있는 커피의 질을 향상시키거나 직원들이 미스터 바리스타의 단골이 되는 것을 허용해 그곳을 사무 공간으로 활용할 방안을 마련하는 것입니다. 그곳에 무선 인터넷이 연결된 테이블 몇 개를 놓아두고 전화를 착신 전환해 휴대폰으로 받도록 하는 방법을 고려해 볼 수도 있습니다.

새 자판기 설치 건

장점 • 더 좋은 커피를 제공하면 자리를 비우는 직원 수가 줄어들 것이다.
　　　• 회사 측이 직원들의 필요와 요구에 신경 쓰고 있다는 것을 보여 준다.
　　　• 2년 후에는 새로 설치한 자판기에서 수익이 날 것이다.

단점　• 높은 초기 투자 비용

　　　• 품질 면에서 미스터 바리스타를 앞서기 불가능함

　　　• 높은 실패 위험. 직원들은 밖에서 커피를 마시며 휴식하기
　　　　를 즐김

미스터 바리스타 가상 업무 공간

장점　• 낮은 초기 투자비용

　　　• 회사 측이 직원들의 필요와 요구에 신경 쓰고 있다는 것을
　　　　보여 준다.

　　　• 최신 기업 트렌드를 지향할 수 있다 – 진보적인 회사라는
　　　　인상을 준다.

　　　• 직원들이 원하는 커피를 즐길 수 있다.

단점　• 근무 시간 파괴와 생산성 저하를 불러온다.

　　　• 직원들이 이 시스템을 악용할 가능성이 있다.

이러한 장단점 비교에 근거해 저는 우리가 3개월 정도 '가상 업무
공간'을 시험 운용하는 방안을 추천합니다. 제대로 운영되지 않으
면 원상태로 복구하는 것도 어렵지 않습니다. 여러분은 어떻게 생
각하십니까?

감사합니다.

공평한 비교는 당신의 주장을 '구조화(framing)'하는 데 매우 효과적인 기술이다. 의사 결정 과정에서 여러 방안과 변수를 통제할 수 있기 때문이다. 그러나 명확하고 합리적인 방안이 포함되지 않으면 오히려 역효과가 나서 당신과 제안 모두가 거부당할 것이다.

저널리즘 — 정보를 전달할 때

『The American Heritage Dictionary of the English Language 아메리칸 헤리티지 사전』은 저널리즘을 '신문이나 잡지에서 볼 수 있는 글쓰기 스타일로서 관련 사실이나 사건을 직접적으로 제시하되 분석이나 주관적인 해설을 거의 붙이지 않는 방식'이라고 정의한다.

저널리즘 스타일로 글을 쓸 때 당신의 의도는 편견 없이 사실을 보고하는 것이다. 상대방에게 사실을 전달하는 것만이 유일한 목적이다. 당신은 어떤 행동 방침도 장려하려고 하지 않으며 아무런 계획도 없다.

커피 문제의 경우에 이사회에서 당신에게 회사 사보에 미스터 바리스타 현상에 대해 탐방 기사를 써보라고 요청할 수도 있다. 다음과 같은 글이 나올 수 있다.

> 여러분 중에는 코퍼레이션 애비뉴를 거닐다가 아펙스 빌딩 밖에 있는 테이블들에 여러 동료 직원들이 앉아 있는 것을 보고 놀라신 분들이 있을 것입니다.

그들은 미스터 바리스타 커피 판매점의 멋진 향기에 이끌려 자신도 모르는 사이에 우리 회사에서 실시 중인 사무실 밖 근무 실험에 참여하고 있는 것입니다.

지난해 10월부터 조지와 그의 형제 앤드루가 이 이동식 카페를 열었지만 아무도 이 가게가 우리 회사의 두 번째 주요 근무지가 되리라고는 상상하지 못했습니다.

그러나 이곳에서 파는 커피와 패스트리(pastry)는 아주 인기가 많아서 우리 회사 경영진은 가게에 테이블을 더 놓고 인터넷을 연결해 주어 직원들이 사무실 밖에서도 계속 근무할 수 있도록 했습니다.

휴대폰 사용과 인터넷 접속이 가능하다는 점을 고려할 때 겨울에는 뜨거운 커피와 따뜻한 사무실 중에서 어느 쪽이 더 많은 인기를 끌지 지켜보는 것도 흥미로울 것입니다.

저널리즘 스타일을 비즈니스 문서에 사용하는 의도는 주관적인 판단을 배제하기 위한 것이다. 상황을 보고하고 전하는 것이다. 사용하는 매체에 따라 즐거움을 줄 수도 있다.

톱 앤드 테일(Top and Tail) – 나쁜 소식을 전할 때

톱 앤드 테일 형식은 글의 시작과 끝부분에 긍정적인 내용을 포함시켜 부정적인 소식의 충격을 완화시키려는 것이다. 이 형식은 거절하는 내용의 글에 사용하는 것이 일반적이지만 상대방에게 안 좋은 소식을 전해야 하지만 기운을 잃지 않도록 용기를 북돋워 주고 싶을 때에도 활용할 수 있다.

경영진이 미스터 바리스타라는 커피점에 보조금을 지급하자는 제안을 거절
하기로 했다고 가정해 보자. 이제 당신은 더 싸게 커피를 마실 수 있다고 들
떠 있는 커피 중독자들에게 이 소식을 전해야 한다.

수신 : 모든 직원

발신 : 당신

주제 : 미스터 바리스타

어젯밤 이사회에서는 회사 측에서 미스터 바리스타에 보조금을 지
급하는 안건을 논의했습니다. 이 흥미로운 제안에 대해 장시간 열
띤 토론이 벌어졌습니다.

이 커피점이 우리 직원들 모두에게 집처럼 편안한 곳이 되었다는
점은 기쁜 일입니다. 탁 트인 실외에서 질 좋은 커피를 즐기며 업무
상이나 개인적으로 사람들과 만날 수 있는 장점이 있습니다. 우리
는 그곳의 테이블에 놓인 많은 노트북과 휴대폰을 보게 됩니다. 커
피점은 장사가 잘되고 있으며 우리도 그 가게에서 일을 잘하고 있
습니다. 상생하는 관계인 것입니다.

그러나 안타깝게도 이사회는 그곳의 직원용 커피에 보조금을 지급
하는 안건에 합의하지 못했습니다. 사내에는 미스터 바리스타에 가
서 커피를 마실 시간이 없거나 가고 싶어 하지 않는 직원들도 여전
히 많아서 그들을 위해 사내의 커피 자판기를 계속 운영해야 합니

> 다. 그래서 커피 관련 예산은 자판기 운영에 사용될 것입니다.
>
> 그러나 현재 미스터 바리스타를 찾는 직원이 무척 많다는 점을 고
> 려해 현재 그곳에서 제공하는 고객 카드에 더하여 특별 직원 할인
> 을 받을 수 있도록 추진할 예정입니다.
>
> 약속은 드릴 수 없지만 최선을 다해 보겠습니다.

이 메모는 요청을 거부하는 것이다. **톱 앤드 테일 구조를 사용하면 이러한 부
정적인 답장을 하면서도 최대한 긍정적인 가능성을 제시할 수 있다.**

질문과 대답 – 명확히 설명할 때

**질문과 대답 형식은 상대의 관심사를 잘 알고 있음을 보여 주기 위해 고안된 것
이다.** 또한 앞으로 생길 수 있는 문제점도 미리 파악해 대처할 수 있게 한다.
또한 상대방이 구체적으로 어떤 비평을 할지 예상해 행동 방침을 설명하거
나 정당화할 수 있다.

미스터 바리스타 문제로 돌아가 보자. 이사회에서는 값비싼 커피 자판기를
설치하기로 결정했다. 그러나 설치비를 회수하기 위해 커피 값을 받기로 결
정했다. 공짜로 맛없는 커피를 먹는 시절은 끝나고 고급 커피를 먹는 시절이

왔다. 그러나 돈을 내야 한다.

사무실 관리자인 당신이 이러한 결정에 대해 설명해야 한다.

수신 : 모든 직원

발신 : 당신

주제 : 새 커피 자판기

다음 주 초부터 모든 층에 새로운 커피 자판기가 설치됩니다. 그리고 처음으로 커피 한 잔에 1달러를 내셔야 합니다. 제게 이번 결정에 대한 설명을 요청하신 분들도 있었습니다. 그래서 이 메모가 여러분의 궁금증 해결에 도움이 되기를 바랍니다.

질문 : 왜 새 자판기를 설치하나요?

대답 : 지금까지 사내 커피 자판기의 품질에 대해 불평이 끊이지 않았습니다. 그래서 많은 직원들은 일부러 미스터 바리스타까지 가서 2달러를 내고 커피를 사 먹을 수밖에 없었습니다. 이 새 자판기는 절반 가격에 그곳의 커피에 뒤지지 않는 양질의 커피를 제공할 것입니다.

질문 : 도대체 왜 우리가 돈을 내야 하나요?

대답 : 자판기 설치비와 고급 커피 공급에 따른 추가 비용을 충당해

야 하기 때문입니다.

질문 : 우리가 돈을 내고 싶지 않다면 어떻게 되지요? 커피를 마시
지 말라는 건가요?

대답 : 탕비실에 커피 메이커를 들여놓을 예정입니다. 우리가 옛날
자판기에서 뽑아 마시던 것보다 좀 더 나을 것입니다. 그러나 개인
컵을 가져와야 하며 커피를 마신 후에는 뒷정리를 해야 합니다.

질문 : 차라리 그 돈을 미스터 바리스타에 보조금으로 지급하고 그
곳의 커피를 더 싸게 마시도록 하면 안 되나요?

대답 : 수지가 맞지 않습니다. 앞으로 9개월 안에 심각한 손실이 발
생하게 됩니다.

그 밖에 질문이 더 있으시면 언제든지 문의하십시오.

비교 구조에서처럼 공정한 태도를 취해야 한다. 대답하기 쉬운 질문만 골라서
제시한다면 사람들이 금방 알아차릴 것이다. 최대한 어려운 질문 위주로 구
성하는 편이 더 낫다. 그렇게 하면 신뢰도가 올라갈 것이다.

다이아몬드 구조 – 설득할 때

다이아몬드 구조에는 2가지 유형이 있는데, 단순한 커뮤니케이션용과 복잡한 커뮤니케이션용이 있다.

단순형 구조는 우리가 앞서 살펴본 문제점과 해결책 구조를 바탕으로 하지만 아리스토텔레스의 수사학 이론들을 사용해 더 설득력 있게 만든 것이다. 문제점과 해결책 구조는 당신이 제안할 수 있는 분위기를 조성하며 다이아몬드 구조는 그 제안에 힘을 실어 준다.

복합형 구조는 아리스토텔레스의 원래 도식(schema)을 충실히 따르고 있다. 아리스토텔레스는 설득력 있는 주장을 전개하는 6단계가 있다고 믿었다.

1. 서론(Exordium) 전체적인 상황 요약으로 듣는 사람에게 논의의 범위를 정해 주어 준비하도록 한다.

2. 전개(Narratio) 현재 진행되는 상황과 지금에 이르게 된 원인을 설명한다. 우리에게 사건의 전말을 들려주는 것이다.

3. 분할(Divisio) 논의할 다양한 화제들을 쪼개어 제시한다.

4. 확인(Confirmatio) 우리의 주장을 뒷받침해 주는 사실과 논거를 제시한다.

5. 반박(Confutatio) 예상할 수 있는 모든 반대 주장을 먼저 공략해 반박한다.

6. 결론(Conclusio) 주장을 요약하고 행동을 촉구하는 형태로 제안 사항을 전

달한다.

아리스토텔레스가 이러한 도식을 구상할 때는 컴퓨터 스크린 앞에 앉아 있는 비즈니스맨을 생각한 것이 아니다. 그의 이론들은 고대 아테네의 시민의회에서 사람들의 얼굴을 마주 보며 발표하거나 토론할 때 사용하기 위해 만들어졌다.

그럼에도 그의 이론은 설득의 핵심 원리로 지금까지 지속되어 글쓰기와 말하기에 동일하게 적용되고 있다.

먼저 단순형 구조부터 살펴보자.

● 단순형 다이아몬드 구조

오른쪽 그림은 단순형 다이아몬드 구조를 보여준다.

이 구조는 사각형의 위쪽과 아래쪽에 삼각형이 하나씩 붙어 있는 세 부분으로 이루어진다. **이 3가지 구성 요소는 모든 커뮤니케이션은 시작과 중간과 끝이 있어야만 한다는 아리스토텔레스의 믿음에서 비롯되었다.**

이 구조를 흐름도로 생각한다면 시간은 위쪽의 삼각형에서 시작해 사각형을 지나 아랫방향으로 흘러간다. 위쪽의 삼각형은 커뮤니케이션이 시작되는 부분으로 논의를 위한 주제가 공개되는 곳이다. 중간의 사각형이 가장 큰 부분이며 주장의 본론과 요지를 형성한다. 아래쪽의 삼각형은 커뮤니케이션의 범위가 당신이 제안하려는 내용으로 좁혀져 마무리되는 곳이다.

이 세 부분은 아리스토텔레스 관념의 미묘한 차이를 반영하기 위해 더 잘게 나뉜다.
하나씩 순서대로 살펴보자. 아래 그림에 번호를 붙여 놓았다.

1. 인사말

인사의 목적은 단순히 예의를 갖추는 차원을 넘어 관계를 맺고 공감대를 형성하는 것이다.
상대가 당신의 주장에 동의하기를 원한다면 상대와 일체감을 형성해야 한다.

인사말의 스타일과 내용은 글에 필요한 격식 수준에 따라 달라질 것이다. 잘 알거나 지지해 줄 가능성이 높은 사람을 상대할 때는 당신의 명분에 적대적일 가능성이 있는 낯선 사람을 상대할 때와는 사뭇 다른 어조를 띠게 될 것이다.

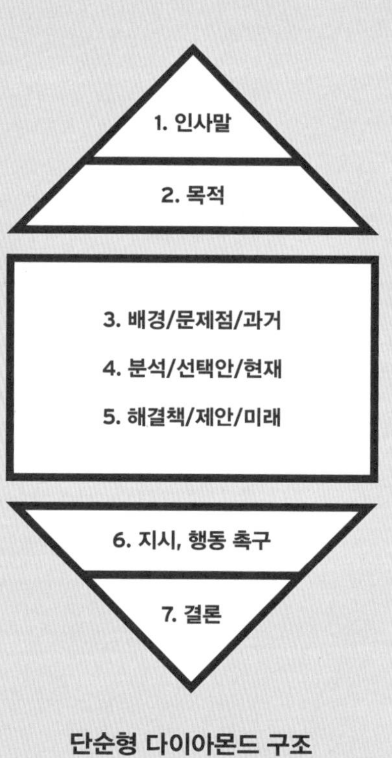

단순형 다이아몬드 구조

인사말을 활용해 당신의 글이 '나'라는 말보다는 '당신'과 '우리'라는 말에 훨씬 더 큰 무게가 실리도록 만들어야 한다. (11장에서 언어 표현을 다룰 때 더 깊은 공감을 얻는 방법을 살펴볼 것이다.)

2. 목적

요즘 비즈니스맨들은 미처 읽을 겨를도 없을 정도로 많은 편지와 이메일을 받는다. 그래서 정말 필요한 것인지 글을 대충 훑어본다. 그러므로 글의 목적이 첫머리에 나와야 한다.

독자에게 당신이 왜 글을 쓰는지 이야기하자. 그에게 이 글이 가치가 있으며 존중받아야 하는 까닭을 인식시켜야 한다. 그렇지 않으면 운을 떼기도 전에 글은 쓰레기통으로 들어갈 것이다.

3. 과거 - 배경과 문제점

문제와 그것을 유발한 사건을 설명해 요구나 제안을 할 수 있는 정황을 만든다. **객관적으로 묘사한다.** 이 시점에서 개인적인 편견을 철저히 배제한다.

이 부분의 목적은 당신과 상대가 이해하는 내용을 일치시키는 것이다. 과거에 대한 상대의 해석이 당신과 다르다면 미래에 대한 예상도 달라질 가능성이 매우 높기 때문에 당신의 제안은 부적합하게 보일 것이다. 이 부분의 끝에 이르면 문제와 그것을 유발한 사건과 영향력의 성격에 대해 당신과 독자의 합의가 이루어져야만 한다.
이 부분에서는 원인과 결과, 연대기, 이야기 등의 구조가 유용할 수도 있다.

4. 현재 - 분석과 선택안

그간의 경과가 제대로 정리되었다면 현재에 초점을 맞추자. 문제의 영향은 무엇이며 어떤 방안들을 택할 수 있는가? 고려할 만한 가치가 있는 전략은 무엇인가?

이 부분에서는 비교 구조가 유용할 것이다.

5. 미래 - 해결책과 제안

제안하는 내용이 문제에 대한 해결책이 되어야만 한다. 여러 방안들을 비교한 후 제안에 집중해서 그것을 실행하기 위해 거쳐야만 하는 단계들에 대해 설명한다.

제안할 때는 과정 중심 구조가 효과 있을 때가 많다.

6. 지시 - 행동 촉구

이제 당신의 제안이 도마 위에 올라 있다. 글쓰기의 목적을 고려할 때 상대에게 원하는 것이 무엇인지 정확히 결정했던 기억이 날 것이다. 이곳이 그것을 말하는 자리다. 한 점 의문의 여지도 남기지 말아야 한다. **당신의 글에 상대가 어떤 반응을 보이기를 원하는지에 대해 구체적으로 말해야 한다.**

흥미로운 아이디어, 색다른 관찰, 문제에 대한 가능한 해결책이 잘 정리된 편지나 이메일을 받지만 글의 끝부분에 가면 정작 무엇을 해야 할지 알 수 없는 경우가 있다.

커뮤니케이션이 실패한 것이다. 이런 일이 일어나지 않게 하자.

7. 결론

도입부와 마찬가지로 결론의 스타일 역시 글에 사용되는 격식 수준에 따라

1. 커피점에 있다가
아이디어가 떠올랐다!

2. 단골 고객 할인 제도를 제안

3. 직원들은 자판기 커피를 마셨다. 그런데
미스터 바리스타가 문을 열었다. 직원들은 이제
회사 밖에서 많은 시간을 보낸다. 사내 자판기
사용이 줄었다.
4. 우리는 a)더 좋은 기계를 사거나 b) 자판기를
없앨 수도 있다. 그러나 b) 안은 근무 시간 손실과
직원 불만 등의 문제를 일으킬 것이다.
5. 이번에는 두 번째 안인 할인 제도를 생각해
보자. 덧붙여서 휴대폰, 착신 통화 등등.

6. 존과 만날 일정 잡기

7. 만나기!

실제로 적용한 단순형 다이아몬드 구조

결정될 것이다. 그러나 격식 때문에 결말의 의도가 달라지는 것은 아니다. 결말의 의도는 상대에게 긍정적인 느낌을 주기 위한 것이다. 메시지의 결말에서 상대가 당신과의 강한 유대감을 느껴야만 한다. 당신이 문제를 정확히 이해하고 있으며 실행 가능한 해결책을 가지고 있다고 상대로 하여금 믿게 만들어야 한다.

당신의 독자는 당신이 그들이 무엇을 생각하고 느끼고 행하기를 원하는지 정확히 알아야만 한다.

단순형 다이아몬드 구조를 실제로 적용한 예를 살펴보자. 또다시 커피점 문제로 돌아왔다. 이번에는 당신이 미스터 바리스타 주인들에게 편지를 보내 직원 할인 문제에 대한 협상을 시작하라는 지시를 받았다. 앞 페이지의 그림은 단순형 다이아몬드 구조에 내용이 채워지면 어떻게 보이는지를 나타낸 것이다. 여기 당신이 보내게 될 편지의 초안이 있다.

> 조지와 앤드루 씨,
>
> 지난주에 미스터 바리스타에 갔다가 장사가 잘되는 것을 보고 기분이 좋았습니다. 사실 귀사에서 판매하는 특별히 맛있는 컬럼비아산 커피를 맛보고 난 후에야 편지로 이런 제안을 하기로 마음먹었습니다.
>
> 기즈모 주식회사에서 일하는 저희 직원 모두에게 특별 고객 대우

적용을 고려해 주실 것을 제안합니다.

그 이유를 말씀드리겠습니다.

귀사가 문을 열기 전에는 우리 회사의 직원 대부분이 사내 자판기에서 커피를 뽑아 마셨습니다. 최상급은 아니었지만 값도 싸고 없는 것보다는 나았습니다. (그리고 당시 주변 상황으로 볼 때 다른 대안이 없었습니다.)

세월은 변했습니다. 이제 미스터 바리스타가 고급 커피를 제공하고 있어 사내 커피 자판기의 사용량은 평소의 절반 이하로 줄었습니다. 게다가 직원들이 커피를 마시러 가느라 자주 자리를 비우는 문제도 발생하고 있습니다.

결과적으로 사내 자판기 운영비가 굉장히 높아졌으며 직원들이 미스터 바리스타에 가 있는 동안 생산성 손실을 입고 있습니다.

이에 대해 2가지 방안이 있다고 생각합니다.

우리 회사에서 더 좋은 커피 자판기를 설치해 저렴한 가격에 커피를 제공해 직원들을 자리에 앉아 있게 하는 것입니다. 그러나 초기 투자비용이 너무 많이 들고 성공 여부도 불확실합니다. 이미 우리 직원들의 상당수가 귀사의 단골이 되었기 때문입니다.

반대로 사내 커피 자판기를 모두 없애고 전적으로 귀하의 매장에서 커피를 마시게 하는 방법도 있습니다. 그러나 2가지 문제가 발생할 것입니다. 첫째, 직원들의 시간당 생산성이 훨씬 더 떨어질 것입니다. 둘째, 직원들의 절반 이상은 사내 자판기가 없어지면 억지로 비싼 커피를 사 먹어야 한다고 생각할 것입니다.

저는 한 가지 해결책이 있다고 생각합니다.

두 번째 방안을 시행하되 우리 회사 직원들로 인한 매상 규모를 고려해 대폭적인 직원 할인가를 적용해 주시기 바랍니다. (음식과 패스트리까지 할인해 달라는 것은 아닙니다.) 그렇게 해 주신다면 직원들에게 항상 휴대폰을 소지하고 다니도록 하고 전화가 오면 커피점으로 연결해 업무 차질을 최소화할 방침입니다. 필요하다면 귀하의 매장에 테이블을 추가로 비치하고 인터넷을 연결해 업무를 그곳에서 처리할 수 있도록 조치할 것입니다.

이 제안에 관심이 있으시다면 저와 우리 회사의 재정부장 존 브라운과 함께 만나 구체적인 조건을 의논하시면 됩니다.

비서에게(987-6543-210) 전화하셔서 편리하신 시간으로 약속을 잡아 주시기 바랍니다.

저는 우리 모두에게 유익한 합의점을 찾을 수 있을 것이라고 확신

> 합니다.
>
> 함께 멋진 커피를 마시며 의논해 보시죠!
>
> 감사합니다.

이 편지는 다듬어지지 않았지만 전체 구조는 무난하다. 읽기 쉽고 상대를 당신의 제안으로 직접 끌어들이고 있다.

아리스토텔레스의 도식을 다시 떠올려 보면 이 단순형 다이아몬드 구조에는 6단계 중에서 분할과 반박을 제외한 4단계가 들어 있다는 사실을 알 수 있다.

복합형 다이아몬드 구조

복합형 다이아몬드 구조에서는 분할이 더해진다. 그래서 구조가 변해야 하지만 중요한 2가지 이점이 있다.

    1. 더 복잡하고 자세한 주장을 소개할 수 있다.
    2. 반복을 미묘하게 사용해 주장을 강화할 수 있다.

1. 인사말
2. 소개/배경
3. 목적
4. 개요
5. 주제
6. 주제
7. 주제
8. 주제
9. 지지와 정보
10. 지지와 정보
11. 지지와 정보
12. 지지와 정보
13. 요점 명시
14. 요점 명시
15. 요점 명시
16. 요점 명시
17. 제안
18. 지시
19. 결론

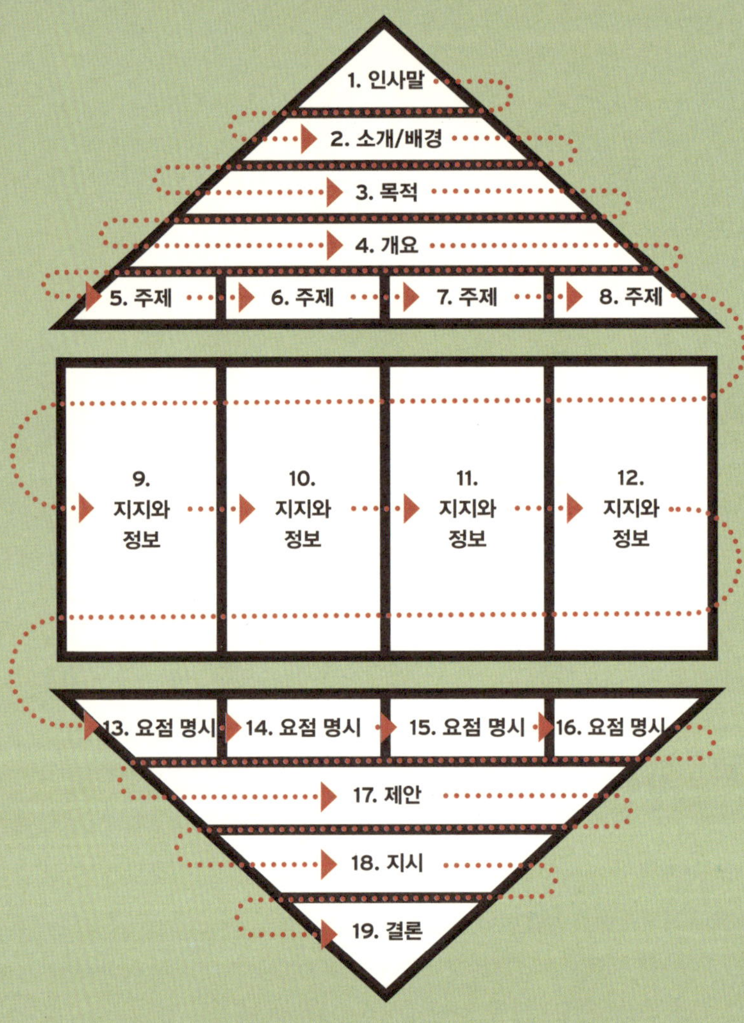

복합형 다이아몬드 구조

왼쪽 페이지의 그림은 복합형 다이아몬드 구조를 통한 글쓰기의 흐름을 보여 준다. 단순형 구조와 마찬가지로 복합형 구조도 시작, 중간, 끝이 있다. 각 부분을 하나씩 살펴보자.

1. 인사말

인사말의 목적은 단순형 다이아몬드 구조의 목적과 똑같다. 상대와 공감대를 형성하는 것이다.

여러 사람에게 보낼 복잡한 내용의 자료를 작성해야 한다면 개인적인 어조를 사용하고 싶지는 않을 것이다. 그렇다면 인사말은 간략한 자기소개 및 주제를 소개하는 정도가 되어야 한다.

2. 배경

글을 쓰게 된 배경을 간단하게 설명한다.

3. 목적

커뮤니케이션 하는 목적을 제시한다. 이 글을 쓰고 있는 이유는 무엇인가? 상대가 이 글에서 얻게 될 이익은 무엇인가?

4. 개요와 제안

길고 복잡한 글이라면 받는 사람들의 대다수가 그 글을 고생하며 읽고 싶어 하지 않을 것이다. 그 결과 대충 훑어본다면 상대는 당신이 전하려는 요점을 놓쳐 버릴 수도 있다. 혹은 글의 내용을 오해해서 전혀 엉뚱한 결론을 내릴 위험도 있다.

이러한 오해를 피할 수 있는 최상의 방법이 글의 첫머리에 개요를 제공하는 것이다.

개요는 글의 핵심 주장을 한눈에 보여 주며 당신이 제안하려는 것에 대해 설명해 준다.

개요 부분은 절대로 한 페이지를 넘기지 말아야 한다.

5-8. 주제

이 부분이 바로 아리스토텔레스가 말하는 분할이다. 5~8번은 당신이 논의하려는 주제들을 개략적으로 제시한다. 각 주제에 대한 구체적인 논의는 뒤로 미루고 주제가 무엇인지만 간단하게 소개한다.

미스터 바리스타의 경우에는 다음과 같은 4가지 주제를 말할 수 있다.

> A. 무료 커피 제공 비용 대 외부 공급 업체에 보조금을 지급하는 비용
> B. 직원들의 근무지 이탈로 인한 노동 시간 손실
> C. 회사 밖에 근무 장소를 만들어 주는 방안
> D. 직원의 사기 앙양 가치

이렇게 주제를 소개하면 상대방의 집중력을 높일 수 있다. 앞으로 글에서 어떤 내용이 전개될지 예측할 수 있으므로 글을 이해하는 데 많은 도움이 된다. 주제를 우선 소개한 다음에 본문에서 본격적으로 설명할 것이므로 결국 상대로 하여금 별로 저항감을 갖게 하지 않으면서 주제를 반복할 수 있다. 이렇게 미묘하게 반복하는 것은 상대가 글의 내용을 이해하고 기억하는 데 도움이 된다.

9-12. 내용

이처럼 모든 주제를 소개한 다음에는 주제를 하나씩 살펴보면서 생각과 정보, 아이디어를 내용으로 삽입할 수 있다. 이 부분은 글의 본론이자 주요 내용이다.

9~12번은 문제점과 해결책, 원인과 결과, 연대기 등 앞서 살펴본 여러 구조
중에서 어느 것이든 사용할 수 있다. 요점을 전달할 수 있는 것은 무엇이든
사용하면 된다.

13-16. 요점 명시

요점 전체를 제시하고 주장을 모두 전개했더라도 상대가 당신과 같은 결론
을 내릴 것이라고 섣불리 상상해서는 안 된다. 오히려 어떤 사람들은 글의
내용을 전혀 다른 방향으로 해석해 엉뚱한 결론에 도달할지도 모른다. 그런
끔찍한 사태를 막아야 한다. 13~16번에서는 상대에게 당신이 전달한 주장
과 정보 중에서 어떤 점들을 받아들여야 할지에 대해 정확히 지적해야 한다.
상대에게 원하는 글의 해석 방식을 제시해야 한다.

**필요하다면 다른 모든 해석에 이의를 제기하자. 모호해 보이는 것은 모두 없애
버리자.** 이렇게 하면서 아리스토텔레스가 제시한 설득의 전략 중 하나인 반
박을 적용하는 것이다.

17. 제안

상대에게 사실을 제시했고 그것을 해석할 방법을 가르쳐 주었다. 이제는 제
안을 해야 한다. 상대가 놀라지는 않을 것이다. 개요 부분에서 이미 전체 내
용의 윤곽을 제시했기 때문이다. 그러나 이제는 제안을 세부적으로 설명하
는 것이다.

18. 지시

상대가 어떻게 하기를 원하는지 정확히 말하라. 예를 들어 목적을 달성하기 위
해 단계별 과정을 설명했다면 다시 첫 단계로 돌아가자. 글을 읽고 나서 상
대가 해야 할 일이 무엇인지 자세히 설명한다. 그가 첫 단계를 밟을 수 있도

록 도와준다.

19. 결론

단순형 다이아몬드 구조와 마찬가지로 결론의 어조는 긍정적이어야 한다. 당신의 글을 통해 상대와 생각이 일치되었다고 확신하자. 상대가 당신 '지시'의 첫 단계를 함께 밟을 것이라고 기대하자.

본문 내용을 반드시 네 부분으로 나눠야 한다는 규칙은 없다. 다이아몬드 구조는 세 부분으로 나눠도 되고 다섯 부분으로 늘려도 된다. 그러나 더 많아지면 상대가 집중해야 하는 범위가 늘어나므로 일부 내용을 압축할 필요가 있다.

이상적인 경우에는 마인드맵의 구조가 다이아몬드 구조와 잘 들어맞을 것이다.

글의 목적에서 4개의 큰 가지를 그려 나갔다면 이 가지들은 복합형 또는 단순형 다이아몬드 구조의 주제, 내용, 요점 명시로 쉽게 옮겨질 것이다. 우리는 이제 글의 10가지 형식을 살펴보았다. 모든 형식은 특정한 커뮤니케이션 과제를 위해 고안되었다. 우리는 마침내 실제로 글을 쓸 준비가 되었다. 다음 장에서는 계획과 준비 단계를 거친 덕분에 얼마나 쉽고 즐겁게 글을 쓸 수 있는지 보게 될 것이다.

요약과 행동 포인트

1. 비즈니스 커뮤니케이션에 일반적으로 사용되는 형식은 10가지다.
2. 각 형식은 저마다 특정한 목적에 사용된다.
3. 다이아몬드 구조는 글을 더 설득력 있게 만들기 위해 특별히 고안되었다.

4. 나머지 9가지 구조는 단순형 또는 복합형 다이아몬드 구조 안에서 사용
될 수 있다.

연습 문제

당신이 미스터 바리스타 커피점의 주인인 조지라고 가정해 보자. 당신은 기
즈모 주식회사의 건물 관리자에게 그 회사 직원들을 위한 할인가와 멤버십
카드 제공을 제안하는 편지를 쓰고 있다.
당신은 커피 값을 5퍼센트만 할인해 줄 것이다. 이는 그 회사가 기대하는 수
준에 못 미치는 할인율이다. 어떻게 당신의 제안을 구성하고 정당화할 것인
지를 나타내는 복합형 다이아몬드 구조를 그려 보자.

9

1차 초안 작성하기

실제로 글쓰기를 시작하기까지 준비하는 시간이 너무 길다는 생각이 들 수도 있다. 그러나 작업 시간표를 살펴보면 계획과 준비 단계에 배정한 시간 중에서 불과 40퍼센트를 썼을 뿐이다.

지금까지의 시간은 유용하게 쓰였으며 덕분에 다음 단계들에서 시간이 절약될 것이다.

지금까지 달성한 것은 정확히 무엇인가?

준비는 글쓰기에 임하는 마음 자세를 갖추는 과정이다.
그동안 다음과 같이 했다.

- 자신의 커뮤니케이션 스타일이 상대의 스타일과 어떻게 어울리는지 살펴보았다.
- 상대와 주파수를 맞추는 방법을 살펴보았다.

이런 일은 익숙해지기만 하면 일사천리로 진행할 수 있다.

계획은 글감을 준비하는 과정이다. 당신은 그동안 다음과 같이 했다.

- 목적과 바라는 결과를 명확히 했다.
- 커뮤니케이션 전략을 세웠다.
- 정보를 정리했다.
- 글의 구조를 선택했다.

이 일상적인 과정도 일단 익숙해지면 단시간에 진행할 수 있다. 그러나 이는 글을 쓰기 시작할 때 무엇을 말할 것인지 정확히 알고 있다는 의미다. 즉 뚜렷한 의도, 필요한 정보를 넣을 적당한 위치, 주장에 힘을 실어 줄 구조를 결정해 놓은 것이다.

모르는 사이에 머릿속에서 글쓰기가 많이 진행된 것을 알면 놀랄지도 모른다. 이제는 그것을 종이에 옮기는 일만 남았다.

자유자재로 글쓰기

심리학 교수이자 작가인 미하이 칙센트미하이(Mihaly Csikszentmihalyi, 1934~)는 사람들이 아주 행복한 상태에서 과제에 완전히 몰입한 상태를 가리켜 '플로(Flow)'라고 표현했다. 그는 우리가 수행하는 과제와 능력이 딱 들어맞을 때 이런 상태가 된다고 믿는다.

당신은 이제 '플로' 상태로 들어갈 준비가 된 것이다. 현재 맞닥뜨린 과제는 설득력 있는 글을 한 편 쓰는 것이다. 그러나 계획과 준비 단계를 통해 이 일을 처리할 준비를 완벽하게 끝냈으며 이미 글쓰기 과정에 상당히 몰입해 있으므로 크게 걱정하지 않아도 된다.

여기서 할 일은 종이 한 장을 꺼내 글쓰기를 시작하는 것이다. 그리고 중단하지 말아야 한다. 아니면 워드 프로그램에서 새 문서 창을 열어 놓고 입력을 시작해도 된다.

바로 그것이다. 무척 간단하다. 글을 쓰기 시작해서 1차 초안을 끝낼 때까지 계속 써 나가라.

내가 '중단하지 말라'고 말할 때는 정말 그렇게 하라는 것이다. 초안 전체를 완성하기 전에는 중간에 멈추고 지금까지 쓴 내용을 훑어보거나 틀린 부분을 고치는 일을 하지 말아야 한다. 그저 머리에서 흘러나오는 단어들을 줄줄 써 내려가야 한다. 일시적으로 생각이 떠오르지 않을 때는 펜을 계속 움직이거나 자판을 계속 두드리며 무엇이든 써 보자. "뭘 써야 할지 생각이 안 나. 뭘 써야 할지 생각이 안 나. 난 바보야. 도와줘, 도와줘 등등." (정말로 이 말을 적으라는 것이 아니다. 이것은 그저 내가 생각이 막힐 때 쓰는 낙서다.) 결국은 다시 주제와 맞물려 할 말이 다시 흘러나오기 시작한다.

완벽주의자라면 문장 하나하나를 정확하게 마무리하고 넘어가려 하기 때문에 이런 과정에 익숙해지기가 무척 힘들 것이다. 완벽주의자는 문장뿐만 아니라 각 문단도 완벽하게 마무리하려고 한다. 그래서 자꾸만 앞에 써 놓은 부분으로 돌아가 이것저것 다시 고쳐 쓰거나 아예 글을 처음부터 새로 쓰는데, 이렇게 하면 초안 작성 시간이 늘어나고 글쓰기가 너무 힘들어질 것이다.

이러한 심리적인 함정을 피하려면 1차 초안은 커뮤니케이션의 원자재에 불과하다는 사실을 믿고 명심하는 것이다. 1차 초안을 볼 사람은 쓰는 자신 외에는 아무도 없다. 그러므로 남의 눈을 의식하거나 완벽하게 쓸 필요도 없다. 그러나 정말 중요한 것은 무의식이 말할 수 있게 하는 것이다. 무의식 속에서는 많은 일이 벌어지고 있다. 의식적으로 노력하여 준비와 계획 단계를 진행하는 동안 각자의 무의식 세계에서도 정보를 처리하고 내용을 통합하는 작업이 벌어진다. 지금은 바로 이러한 생각들을 풀어 놓을 때다. 그러니까 길을 비켜 주자!

따라서 자기 판단이나 자의식은 보류하고 머릿속에 있는 모든 생각을 다 쏟아내 보자. 마음에 들지 않으면 나중에 바꾸면 된다. 그래도 아무도 모를 것이다.

그러나 당신이 놀라게 될 가능성이 더 높다.

우리가 진행하는 워크숍에 참석한 사람들의 대부분은 준비와 계획 단계를 제대로 거치면 글쓰기가 힘들지 않고 거의 자동적으로 된다는 것을 알고 깜짝 놀란다. '플로' 상태에서는 자유롭고 기분이 좋아진다. 무엇을 써야 할지 고민하던 기억은 깨끗이 사라진다. 글쓰기와 마지막 결과에 대한 모든 걱정은 사라지고 완전한 몰입의 순간으로 들어간다. 이 순간에는 페이지 위에 언어가 나타나는 것을 지켜보기만 하면 된다. 우리는 과정을 통제하기보다는 관찰한다. 말이 나타나도록 허용할 뿐이다. 때로는 말들이 우리에게서 나오는 것이 아니라 우리를 통해 흘러가는 듯한 느낌이 들기도 한다. '플로' 상태에서 우리는 글이 흘러가는 통로가 된다.
머릿속에 든 모든 생각을 비워 버리고 주제를 충분히 다루었다는 느낌이 들 때까지 중단하지 말자.

정지 상태

그러나 글을 쓰다가 막혀서 도저히 나아갈 수 없다면 어떻게 할까?
내 경험상 이런 상황이 발생하는 이유는 다음 2가지다.

- **준비가 미흡한 경우**
- **신경과민과 두려움**

준비가 제대로 되어 있지 않으면 적당한 말과 생각이 나오기를 기대할 수 없다. 그래서 글쓰기 과정에서 앞부분의 40퍼센트가 그만큼 중요하다. 그러나 이 부분에서 어려움을 겪는다 해도 낙담할 필요는 없다. 그냥 다시 준비 단계로 돌아가 처음부터 차근차근 노력하면 된다.

두려움이 더 심각한 문제다. 구체적으로 어떤 점이 가장 마음을 무겁게 짓누르는지 생각해 보라. 실패, 당혹감, 비판, 거부 등 해묵은 레퍼토리들이다. 글쓰기 과정은 가장 깊은 내면의 사고를 밖으로 드러내 보여 주는 것이다. 그래서 우리는 고스란히 위험에 노출된다.

몇 해 전에 내가 런던에서 글쓰기 강좌를 들을 때 한 강사가 이 문제를 해결할 수 있는 방법을 알려 주었다.

그 강사는 우리 머릿속에 들어 있는 내면의 비평가가 문제의 발단이라고 말했다. 글을 쓰려고 하면 옮겨 적어야 할 말이 들리는 대신에 다음과 같은 파괴적인 비평과 실황 방송이 들린다는 것이다. "별로 안 좋아." "넌 글을 못 쓴다니까. 엉터리잖아." "사람들이 이걸 읽으면 허섭스레기라고 생각할 거야!"

그가 제안하는 방법은 글을 쓸 때 종이 한 장을 손이 닿는 곳에 놓아두는 것이었다. 그리고 내면으로부터 조그만 소리로 울려 나오는 음성이 당신을 콕콕 찌르고 자신감을 무너뜨리기 시작할 때 그것들을 종이에 기록한다. "넌 실패야. 글을 쓴들 소용없어." 그리고 글을 쓰려고 하는 동안 집요하게 괴롭히는 온갖 못된 비평을 적어 보자.

당신이 스스로가 입힌 상처를 밖으로 드러내면 그것에서 떨어져 나올 수 있다는 것이 그의 이론이다. 쉽게 말해 그것을 머릿속에서 끄집어내어 글쓰기를 계속할 수 있게 하는 것이다. 이따금 그 종이가 채워지면 구겨서 쓰레기통에 던져 넣자. 이것은 자기 긍정이자 두려움에 대한 저항의 몸짓이다. 실없는 소리 같겠지만 나는 그렇게 하면 정신이 맑아진다.

구술 활용하기

마음을 끌어들여 글이 흘러나오게 하는 또 하나의 기법은 쓰는 대신 말하는 것이다. 이렇게 하려면 적당한 속도로 말하고 하는 말을 녹음할 필요가 있다. (어떤 말을 조리 있게 하고 나서 글로 옮기려고 할 때 깜빡한 것을 깨달으면 무척 짜증이 난다.)

말하는 속도대로 받아쓸 수 있는 비서를 곁에 두기는 힘들 것이다. 그러나 디지털 기술의 기적 덕분에 더 이상 그럴 필요가 없어졌다. 이제는 입으로 한 말을 문서 작성 프로그램으로 직접 옮겨 주는 컴퓨터 소프트웨어가 몇 가지 나와 있다.

이런 프로그램을 설치하려면 1시간 정도 소요될 것이다. 어떤 억양을 구사하든 컴퓨터 프로그램이 그것을 인식해야 하기 때문이다. 그러나 일단 프로그램이 제대로 '듣게' 되면 놀랄 만큼 빠르고 정확하다. (그리고 값도 놀랄 만큼 싸다!)

준비를 잘해서 글의 구조를 눈앞에 작성시켜 놓았다면 장광설을 늘어놓거나 주제에서 벗어나지 않고 무척 쉽게 메시지를 구술하게 될 것이다.
그 후에 녹음한 내용을 글로 적은 부분의 정리와 윤문 작업이 이어진다. 이 과정은 나중에 살펴볼 것이다.

잠시 휴식하기

1차 초안을 완성한 다음에는 즉시 다시 읽으며 수정하지 말자. 그냥 놔두고 잠깐 휴식 시간을 가져야 한다.
어떤 일을 하다가 잠시 머리를 식히려면 다른 일을 하는 것이 좋다. 차를 마시고 산책을 하거나 누군가와 이야기를 하자. 아니면 글쓰기 주제와 무관한 내용의 글을 읽자.
몇 분이면 글을 쓰는 마음가짐에서 벗어나 새로운 역할, 즉 독자가 될 준비를 마칠 수 있다. 쓴 글을 검토할 때는 일시적으로 자신이 아니라 글을 읽게 될 상대방이 되어야만 한다.

검토하기

관점을 바꿀 수 있는 간단한 트릭 한 가지는 매체를 바꾸는 것이다. 1차 초안을 컴퓨터로 작성했다면 다음에 보는 것은 종이에 인쇄를 하자. 인쇄하기 전에 평소 사용하지 않는 것으로 글꼴을 바꾸고 글자 크기도 평소보다 더 크거나 작게 바꾸어 보자.

1차 초안을 손으로 작성했다면 크기를 좀 달리해서 복사해 보자. 초안을 읽을 때 처음 보는 글처럼 느껴지도록 하는 것이 이상적이다. 자신의 글이 더 낯설게 느껴질수록 평가를 더 객관적으로 할 수 있을 것이다.
검토하기 전에 그 글을 읽게 될 상대방에 대해 적어 놓았던 메모를 다시 참조하자. 상대방의 커뮤니케이션과 글쓰기 취향은 무엇인가? 사실을 좋아하는 파란색 유형인가 아니면 과정에 집착하는 초록색 유형인가? 호기심과 창의성을 나타내는 노란색 유형인가 아니면 감정이 풍부한 빨간색 유형인가? 읽기 전에 상대가 속한 유형의 특징을 염두에 두자.

그럼 글을 한 번 끝까지 읽고 나서 전체 느낌을 파악해 보라. 때로는 소리 내어 읽으며 어느 부분을 강조할 것인지를 살펴보는 것이 도움이 된다.

두 번째로 글을 읽을 때는 반드시 들어가야 할 내용이 빠졌거나 잘못되어 삭제해야 할 요소는 없는지 표시한다.
이제 글을 고쳐 쓸 준비가 되었다.

1. 글쓰기 준비와 계획 단계에서 메모한 것을 다시 살펴본다.

2. 중간에 멈추지 말고 1차 초안을 작성한다. 절대 다시 읽거나 고치거나 바꾸는 일 없이 최소한 10분 동안 글을 계속 써 나가자. 가능한 한 빨리 쓰고 펜을 계속 움직이거나 자판을 계속 두드리자.

3. 정 생각이 막히면 무엇이든 상관하지 말고 써 보자.

4. 휴식을 취하며 마음을 풀어 놓자. 10분 동안 다른 일을 하자.

5. 매체를 바꾸자. 초안을 인쇄하거나 복사하자.

6. 그 글을 읽는 독자가 되자. 그의 눈과 취향을 통해 당신이 쓴 글을 바라보자.

7. 소리 내어 읽으며 강조해야 할 부분을 알아보자.

8. 글 전체의 느낌을 파악하자.

9. 삭제하거나 덧붙여야 할 것을 적어 두자.

1. 다음 주제들 중에서 하나를 골라서 10분 동안 중단하지 말고 글을 써 보자.

- 처음 학교에 갔던 날
- 크리스마스 아침에 잠에서 깼을 때
- 첫 번째 직장의 입사 면접
- 베개에서 거미가 발견되었을 때

구조는 걱정하지 말고 글의 흐름을 타 보자. 스스로도 놀랄 것이다!

2. 방금 작성한 초안을 당신과 상반되는 커뮤니케이션 취향을 가진 사람의 눈으로 끝까지 읽어 보자. 그와 주파수를 맞추려면 글을 어떻게 고쳐야 할지 알아보자.

2차 초안 작성하기
- 내용 강화

이제 투박한 글 한 편을 갖게 되었다. 처음에 했던 계획과 준비 덕분에 적합한 정보가 적합한 자리에 들어가 있으므로 구조는 튼튼하다. 그러나 초안을 다듬기 전에 빠진 내용이 없는지 확인해야 한다. 2차 초안에서도 내용에 유의하며 도입부, 마무리, 본문과 설득 기술들에 초점을 맞춘다.

도입부

첫머리부터 시작하자. 도입부에서는 다음의 4가지 목표를 달성해야 한다.

• 독자의 관심을 끌고 유지시킨다.
• 글을 쓰는 이유를 설명한다.
• 글의 구조를 드러낸다.
• 글 전체의 어조를 결정한다.

주목 끌기

최근에 나는 한 헤드헌팅 업체로부터 편지 한 통을 받았다. 광고업계에서 도
망쳐 나온 한 사람에게 일자리를 소개하려는 것이었다. 그 도망자는 바로 나
였다. 그 편지는 다음과 같은 문구로 시작되었다.

> 닉 씨,
> 헤드헌터 인터내셔널[가명]은 10여 년 전에 시드니에서 설립되었
> 으며 국내외에서의 경험 덕분에 저희는 귀하에게 마케팅과 광고업
> 계의 경영 간부 경력 개발에 대해 유일하게 조언해 드릴 수 있는 입

장이 되었습니다.

이 첫 문단은 꾸밈은 없지만 특별히 흥미롭지도 없다. 그들이 내게 편지를 쓰게 된 것은 최근에 한 업계 잡지에서 시드니에서 일하는 크리에이티브 디렉터들의 나이를 공표했을 때 내가 연장자였기 때문이었던 것 같다. 내가 그 편지에 답장을 보내지 않았으므로 정확한 이유는 알 수 없다.
그들이 사실, 질문, 과제, 이야기, 요청이라는 간단한 전술 5가지를 활용했더라면 나는 눈을 좀 더 크게 뜨고 관심을 가졌을 것이다.

> 닉 씨,
> 크리에이티브 디렉터들의 95퍼센트 이상이 55세쯤에는 광고업계
> 의 에이전시 분야를 떠난 상태입니다. 그렇다고 해서 그들이 더 이
> 상 창의적이지 않다는 의미는 아닙니다.
> 헤드헌터 인터내셔널에서는…….

이러한 사실이 나의 관심을 계속 유지시켜 그들이 내게 모종의 제안을 할 수 있는 지점까지 글을 읽게 만들었을 것이다.

> 닉 씨,
> 대부분의 크리에이티브 디렉터들이 마침내 에이전시를 떠나기로
> 결정할 때 무엇을 하는지 생각해 보신 적이 있습니까? 혹시 귀하는
> 앞으로 할 일에 대해 이미 계획을 세우셨습니까?
> 헤드헌터 인터내셔널에서는…….

이렇게 신경을 건드리는 질문을 함으로써 그들은 곧바로 나를 열중하게 만

들었을 것이다. 나는 그들이 하려는 말을 하나도 빠뜨리지 않고 읽었을 것이다.

> 닉 씨,
> 광고업을 그만두고 에이전시 업계 밖에서 성공을 계속 거두고 있는
> 크리에이티브 디렉터 세 명을 꼽아 보십시오.
> 헤드헌터 인터내셔널에서는 세 명보다 훨씬 더 많은 사람들을…….

과제를 제시하는 것은 독자를 끌어들이는 효과적인 방법이다. 과제는 즉각적으로 상호작용을 불러일으킨다. 독자는 마음속에서만이라도 반응하게 마련이다.

> 닉 씨,
> 존 스미스는 크리에이티브 디렉터로 7년간 근무했던 BDM을 떠났
> 을 때 자신 앞에 어떤 미래가 펼쳐질지 알 수 없었습니다. 그러나
> 20여 년 동안 각종 상을 받았던 크리에이티브 직업을 포기할 수는
> 없었습니다.
> 그래서 존 스미스는 헤드헌터 인터내셔널을 찾아왔습니다. 우리
> 는…….

내 경험과 관련 있는 이야기라면 나는 그것을 읽을 것이다. 문제들을 겪을 때 다른 사람들이 어떻게 대처하는지 우리는 알고 싶어 한다. 이것은 우리가 자신에 대한 글을 읽는 것 다음으로 좋아하는 일이다.

> 닉 씨,

안녕하세요. 저희는 귀하가 에이전시 업무를 그만두신 후에는 어떤
일을 하실 계획인지 함께 만나 이야기를 나누고 싶습니다.
아시다시피 55세에 대부분의 크리에이티브 디렉터들은…….

때로는 단순한 요청이 독자의 관심을 끄는 가장 즉각적인 방법이 되기도 한
다. 그 요청 사항이 독자가 처한 상황과 필요에 분명히 관련되어 있다면 당
신이 독자와 관련이 있다는 의미다. 독자는 글을 계속 읽어 나갈 것이다.
모든 글이 이러한 장치들 중의 하나로 시작하는 공식을 따라야만 하는 것은
아니다. 그러나 모든 글은 독자와의 공감대를 형성함으로써 시작해야만 한
다. 당신은 몇 줄 안 되는 짧은 글 속에서 어떤 공통점, 즉 공통 기반, 공통적
인 꿈이나 필요, 공통적인 가치관을 확고히 해야만 한다. 도입부는 글쓴이와
독자 사이에 가로놓인 보이지 않는 장벽을 무너뜨리고 관심을 공유하고 있
다는 느낌을 주어야만 한다.

자기 소개하기

일단 상대의 관심을 끌었다면 글을 쓰는 목적을 신속히 설명해야만 한다. 이
커뮤니케이션의 목적은 무엇인가? 다이아몬드 구조를 사용하면 이렇게 할
수밖에 없다. 상대의 마음을 사로잡은 다음에는 시간과 관심을 들여 그 글을
읽으면 무엇을 얻을 수 있는지 독자에게 알려 주자.
헤드헌팅 업체에서 내게 보낸 편지의 경우에는 회사 소개로 글을 시작했다.
그 다음에 광고와 마케팅 업계에서 새로운 커리어를 개발할 수 있는 업체의
역량에 대해 이야기했다. 그러나 내가 듣고 싶었던 말은 그들이 두 번째 직

업을 찾는 것을 도와주겠다는 것이었다. 나는 광고업을 그만둔 후의 삶에 대해 관심을 갖고 있었다. 아쉽게도 그런 내용은 편지의 맨 끝에 있었다. (내가 글을 끝까지 읽었기에 망정이지!)

글의 구조 드러내기

글의 계획과 구성 단계에서 글의 내용 전개 방향이 정해졌다. 이제 글의 최종 목적지와 그곳으로 가는 경로를 알고 있다. 그러나 상대는 아무런 단서도 없다. 그러니까 그를 도와주자. 상대가 글을 끝까지 읽는 데 도움이 될 안내 표지판 몇 개를 보여 주자.

다이아몬드 구조를 사용하면 간단하다. 글쓰기의 목적을 명시하고 나서 구체적인 세부 내용으로 들어가기 전에 글의 주제들을 노출하는 것이다.

편지를 대충 훑어볼 확률이 높은 상대에게는 이렇게 한눈에 들어오는 개요가 필요한 정보를 찾는 데 도움이 될 것이다. 다시 말해 상대는 글을 더 효과적으로 훑어보게 되고 첫머리로 돌아가 정독하고 싶어질 정도로 관심을 갖게 될 것이다.

어조 정하기

도입부 문장에서 글의 어조와 분위기를 명확히 정해야 한다.

인사말은 계획 단계에서 선택한 격식 수준을 반영해야만 한다. 이메일은 다양한 선택의 폭을 더 넓혀 주고 있는 듯하다. '안녕하세요(Hi, Hello)' 같은 짧은 인사말을 쓰거나 아예 인사말을 쓰지 않기도 한다. '친애하는 ○○씨(Dear Sir, Dear Mr. or Ms. 성, Dear 이름)' 같은 기존 인사말도 여전히 쓰이고 심지어 완전히 비인칭인 '관계자 분께(To whom it may concern)'라는 인사말도 쓰인다.

인사말을 쉽게 만드는 방법은 상대에게 편지를 소리 내어 읽어 주고 있다고 상상하는 것이다. 그가 안경을 잃어버려 그것을 읽어 달라고 부탁했다는 상상을 해 보라. 어떤 인사말이 적합할지 즉시 감이 잡힐 것이다.

어조에 관한 한 규칙은 간단하다. 긍정적이 되자. 안 좋은 소식을 전하거나 심각한 문제를 논의할지라도 긍정적인 어조가 더 기분 좋게 들린다. 부정적인 것은 사람들이 흥미를 잃게 할 뿐이다.

일단 도입부가 만족스럽게 되었다면 본문은 신경 쓰지 말고 결론으로 직행하자.

결론

도입부와 결론은 함께 작용해야만 한다. 상대의 관심을 끄는 말을 적은 첫머리 부분과 마지막에 나오는 행동을 가르쳐 주거나 촉구하는 말을 적은 마지막 부분은 글에서 가장 오래 기억되는 요소들이다.

도입부에서는 최종 목적지를 명확히 제시하고 상대를 그곳으로 데려다 줄 코스를 정한다. 결론에서는 다음 2가지 일을 해야 한다.

1. 상대에게 당신이 약속한 대로 내용을 전했으며 올바른 장소로 그를 데려갔다는 것을 확인시켜 준다. 그래서 도입부에 했던 약속을 독자에게 상기시켜 준다.

2. 상대에게 글을 읽고 나서 해야 할 일을 특별히 설명하는 지침을 전달한다. 당신이 바라는 결과를 상대가 이해했는지 확인한다.

다이아몬드 구조는 첫머리와 결론 사이에 필요한 대칭을 만들어 준다. 그러나 상대방에게 요구하는 글과 상대방을 설득하는 글 사이에는 명확한 차이가 있어야 한다.

당신이 특정한 반응을 요구할 수 있는 위치에 있다면 결정적으로 행동을 촉구하는 말로 글을 마무리할 수 있다. 그러나 상대를 설득해 원하는 방식으로 행동하도록 만들려고 한다면 더 많은 커뮤니케이션을 할 수 있는 문을 열어두어야 한다.

요구나 명령은 상대방이 무조건 복종할 것이라는 전제에서 시작한다. 상대가 당신의 권위에 대한 도전장을 내밀지 않는 한 한 방향으로만 흐르는 커뮤니케이션이 된다. 그러나 상대방의 마음을 움직이거나 요구사항을 받아들이도록 설득하려 한다면 답장을 촉구하는 방식으로 마무리해야만 한다.

이렇게 하지 않으면 커뮤니케이션이 두절되거나 아무 일도 일어나지 않는 곤경에 처할 수 있다.

본문

시작과 끝의 조화가 만족스럽다면 본문을 강화하는 데 집중할 수 있다. 구체성, 예, 증거, 시각 자료의 4가지 요소를 살펴보아야 한다.

구체적으로 설명하고 예를 제시한다.

본문은 중요한 관점을 뒷받침하는 대부분의 정보를 집어넣을 곳이다. 적용해야 하는 단순한 원칙은 다음과 같다. 일반적인 정보는 약하고 특정한 정보는 강하다.

가능한 한 주장하는 모든 내용을 사실과 통계로 뒷받침하자. 예들을 들어 가며 논점을 설명하는 것이다.

다음 두 문장을 비교해 보자.

- 최근 몇 달 동안 지원자 수가 대폭 감소했습니다.
- 2월부터 지원자 수가 30퍼센트나 대폭 감소했습니다.

이 문장도 비교해 보자.

- 우리는 기존 고객층을 지키기 위해 최선을 다하고 있습니다.
- 우리는 기존 고객층을 지키기 위해 새로운 가격 구조와 고객 카드 제도를 도입했습니다.

이 문장도 비교해 보자.

- 우리가 정부의 수주 계약을 따내지 못하면 그 결과는 끔찍할 것일 것입니다.
- 우리가 정부의 수주 계약을 따내지 못하면 주요 공급업체들(AMCO, Simlex)에게 신용도가 떨어질 것이며 직원 수를 최대 25퍼센트까지 줄여야만 할 것입니다.

형용사, 부사, 극단적인 표현이 가득한 개략적인 진술이 효과적일 것 같지만 사실은 그렇지 않다. 우리는 관념들로 생각할 수 있지만 뒷받침해 주는 사실에 의해 그것들을 기억한다. 언제나 추상적인 내용을 현실화하도록 노력하자.

설득력을 가지려면 말하는 모든 것을 사실, 통계, 예로 뒷받침하라. 뒷받침할 것이 없다면 전하려는 메시지의 가치를 강조해야만 한다. 좀 더 확고한 표현을 사용해야 할 것이다.

증거를 사용해 믿음을 준다.

의견과 객관적인 진실이 싸울 때는 대개 진실이 이긴다. (진실이 항상 이긴다고 말할 수 있다면 좋겠다.) 따라서 문제는 어떻게 우리의 의견에 가치와 진실의 힘을 더해 줄 수 있는가 하는 것이다. 정답은 증거가 필요하다는 것이다. 다음 표어를 명심하자.

그렇다고 말했다고 해서 그렇게 되는 것은 아니다.

상대가 당신의 모든 말을 깊이 존중하고 당신은 가장 설득력 있게 자신을 표현할 수도 있다. 그러나 증거가 말과 어긋난다면 당신의 의견은 결국 신용을 잃고 무시당할 것이다. (빌 클린턴에게 물어보자.)

본문을 검토할 때는 모든 주장을 확인하고 그것들을 실증할 방법을 찾아야 한다. 주장을 뒷받침할 믿을 만한 증거를 찾자.

증거로 가능한 형태는 검증 가능한 사실과 수치, 전문가와 증인의 진술, 사례 연구, 실제 경험이나 이미지 등이다. 법정에서 '합리적으로 의심의 여지가 없게' 진술을 입증해야만 한다고 상상해 보자. 상대는 언제나 납득시켜야만 하는 회의론자라고 생각하자.

시각 자료를 사용해 설명하고 뒷받침한다.

어떤 정보는 그림으로 설명하는 것이 더 낫다. 다행히도 우리는 그러한 용도로 시각 언어를 개발해 왔다. 파이 차트(pie chart)는 전체의 각 부분이 어떤 식으로 나뉘어져 있는지 한눈에 파악할 수 있게 해 준다. 막대그래프는 여러 요소의 상대적인 순위를 나타낼 수 있게 해 준다. 일반 그래프는 변동, 추세, 시간 관련 사건들에 대한 자료를 나타낸다. 사분면 도표는 2가지 변수가 어떻게 상호 작용하는지를 보여 주는 데 효과적이다. 사진은 증거 서류를 제공하고 다이어그램은 숨겨진 메커니즘의 내부 작용을 보여 줄 수 있다.

당신의 투자 포트폴리오의 38퍼센트는 상업 자산, 29퍼센트는 해외 투자, 20퍼센트는 펀드 운용, 13퍼센트는 국내 자산으로 구성되어 있다고 내가 말로 설명한다고 하자. 그것이 옆의 차트를 당신에게 보여 주는 것만큼 쉽게 정보를 이해하고 기억하게 할 수 있겠는가?

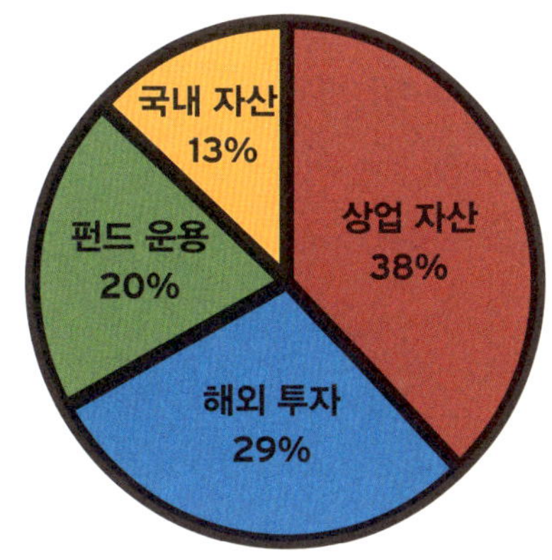

아마 그렇지 않을 것이다.
시각 자료를 동원해 글의 내용을 강화하는 것을 두려워하지 말자. 구글 이미지 검색 서비스가 등장해 시각 자료를 구하기가 쉬워지면서 글을 쓸 때 시각 자료를 곁들이는 사례가 점차 늘어나고 있다.

설득의 힘

마지막으로 로버트 치알디니가 제시한 설득의 6가지 법칙을 염두에 두고 2차 초안을 마무리해 보자.

그는 다양한 형태의 판매업체에 근무하며 각 기업이 소비자에 대한 영향력을 증대하고 설득력을 높이기 위해 사용하는 방법들을 조사하여 그 결과를 종합, 다음의 6가지 법칙으로 정리했다.

호감의 법칙
상호성의 법칙

일관성의 법칙

사회적 증거의 법칙

권위의 법칙

희귀성의 법칙

이제 각 법칙을 하나씩 살펴보자.

호감의 법칙이란 자신을 좋아해 주는 것에 사람들이 호감을 느낀다는 것이다. 다시 말해 누구나 사랑과 관심을 받고 싶어 한다. 이 법칙을 글쓰기에 적용하려면 상대방과의 유사점을 찾아내어 어떤 주제를 논하든지 상대를 적극적으로 참여시켜야 한다.

상호성의 법칙이란 사람들은 대접받은 대로 반응한다는 것이다. 비즈니스 글쓰기에 이 법칙을 적용해 보면 글을 쓸 때 상대방으로부터 받고 싶은 대로 상대방에게 먼저 표현해야 한다. 조언이나 정보, 도움, 지원, 기타 서비스 등 어떤 형태로든 상대방에게 먼저 베풀어야 한다.

일관성의 법칙이란 사람들은 자신이 약속한 것과 일관되게 행동한다는 것이다. 말이나 글을 통해 지속적으로 상기시키면 사람들이 본인의 약속을 충실하게 이행하도록 촉구할 수 있다.

사회적 증거의 법칙이란 사람들은 자신과 비슷한 다른 사람이 이끌 때 쉽게 따라간다는 것이다. 이 법칙은 설득하는 글을 쓸 때 특히 중요하다. 상대 입장에서 동질 집단이라고 말할 수 있는 사람들로부터 증언이나 의견을 얻어 증거 자료로 사용하면 설득력이 훨씬 더 높아진다.

권위의 법칙이란 누구나 전문가에게 최종 권위를 맡긴다는 것이다. 따라서 전문 자료가 있다면 적극 활용하자. 워낙 당연한 사실이므로 굳이 그렇게 할 필요가 없다고 생각하는 것은 오산이다. 전문 지식을 통해 자신의 주장을 뒷받침하는 것보다 더 좋은 방법은 없을 것이다.

희귀성의 법칙은 사람들은 자신이 많이 가질 수 없는 것을 더 가지려는 욕망이 있다는 것이다. 윤리적인 문제만 없다면 선택의 여지가 없는 제안을 내놓는 것이 상대의 마음을 얻는 데 매우 효과적이다. 기회란 희귀할수록 사람의 마음을 더욱 강하게 잡아끌기 때문이다.

2차 초안을 마무리할 때는 반드시 이러한 6가지 법칙을 살펴보자. 이 중에서 글의 설득력을 높이는 데 도움이 될 법칙이 무엇인지 곰곰 생각하자. 6가지 법칙에 따라 글을 검토해 적합한 위치에 적합한 정보를 집어넣었는지 확인하자. 이렇게 하면 글의 구조가 무척 탄탄해진다.

이제 마지막으로 남은 것은 글을 다듬는 일이다.

요약과 행동 포인트

1. 도입부를 검토한다. 상대의 입장을 고려하되 글쓰기의 목적을 설명하고 글 전체의 구조를 소개하는 동시에 글 전체에 어울리는 어조를 띠고 있는지 살펴본다.

2. 결말을 검토한다. 본문에서 제시한 것을 다시 한 번 강조하며 상대의 행동을 촉구한다.

3. 본문을 검토한다. 최대한 구체적으로 설명하고 예를 사용한다. 또한 모든 주장에 증거를 제시하도록 하고 필요하다면 시각 자료를 적극적으로 활용한다.

4. 설득의 6가지 법칙을 검토하고 필요한 경우 글의 설득력을 높이기 위해
이 법칙들 중의 한 가지를 사용할 수 있는지 확인해 보자.

이메일 프로그램의 '보낸 메일함'에 저장된 편지들 중에서 길이가 최소 200
단어 이상인 것을 골라 10장에 제시된 순서대로 글을 수정해 보자.

글의 스타일과
표현 다듬기

예전에 어느 타이포그래퍼와 함께 일한 적이 있었는데, 그의 사무실 벽에는 이런 포스터가 붙어 있었다. "똥에 광을 낼 수는 없다."

사람들은 날마다 어설픈 아이디어를 가져와 보기 좋게 해 달라고 그를 못살게 굴었다. 그가 포스터에 써 놓은 메시지는 "어떤 것의 구조와 내용이 올바르지 않다면 아무리 다듬어 봤자 빛이 나게 만들 수는 없다"라는 뜻으로 아마도 귀찮게 구는 사람들을 겁주어 쫓아낼 의도였던 것 같다.

그의 철학은 글쓰기에도 적용된다. 지금까지 연습한 것은 적합한 정보를 의미가 잘 통하는 방식으로 쓰는 것이었다. 이제 그것을 세련되게 다듬을 차례다.

11장의 연습 문제는 짧고 쉬우면서도 매우 효과적이다. 녹슨 금속 표면을 한두 번 걸레로 닦는 것은 별로 힘든 일이 아니다. 하지만 그 결과는 엄청나게 차이가 난다. 손질하면 할수록 더 찬란하게 빛날 것이며 그럴수록 사람들의 시선을 끌 수 있다.

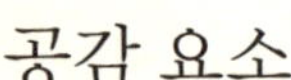

공감 요소

커뮤니케이션의 초점이 글을 쓰는 사람이 아니라 글을 읽는 사람이라는 점은 매우 중요하다. 만약 상대를 참여시키고 싶다면 상대를 직접 바라보고 그들에 관해 이야기해야 한다.

한 가지 쉬운 방법은 글을 다듬을 때 공감의 요소를 구축하는 것이다. 상대를 언급하는 횟수에서 글 쓰는 당신을 언급하는 횟수를 뺐을 때 0보다 큰 수가 나온다면 상대를 중심으로 하는 글이라 할 수 있다. (상대와 당신을 모두 가리키는 '우리'와 같은 표현은 무시한다.)

어느 사진 현상소의 선전 문구를 예로 들어 보자.

> Q-Snap의 최신 디지털 기술 덕분에 우리는 1시간 내에 최첨단 사진을 즐길 수 있습니다.

밑줄 친 2개의 지칭어는 당신을 가리키는 말이고 독자를 가리키는 말은 없다. 따라서 0-2=-2, 공감 요소 값은 -2다. 그다지 좋은 수치는 아니다.

앞의 글을 한번 수정해 보자.

> 당신도 최첨단 기술의 사진을 즐길 수 있습니다. Q-Snap의 최신 디지털 기술은 당신이 기다리는 시간을 1시간 이내로 줄여 줍니다.

이번에는 상대방을 가리키는 말은 두 번 나왔고 당신을 가리키는 말은 한 번 나왔다. 2-1=1. 계산 결과 감정 이입 요소 값이 0보다 크므로 이제 상대를 중심으로 하는 글이라고 말할 수 있다.

이와 같이 고쳐 쓴 글을 재검토할 때는 공감 요소를 점검해 그 값을 0보다 크게 만들어야 한다. '당신' 또는 '여러분'과 같은 표현을 쓰거나 가능하면 상대방의 이름을 사용하면 좋다.
공식적인 서신에서도 개인적인 관계를 맺으려는 노력을 소홀히 해서는 안 된다. 이때 과도하게 친한 척하기보다는 공동의 흥미나 관심거리를 사용해 당신에 대한 친밀한 느낌을 유발할 수 있다.

글의 전반적인 분위기는 당신과 상대를 하나로 묶어 '우리'가 되게 해야 한다.

명확한 글쓰기

언어는 살아 있다. 신조어 특히 전문 용어는 계속해서 새로 만들어지고 수많은 유행어나 은어가 등장했다가 사라진다. 덕분에 더 명료하고 간결한 표현이 가능할 때도 있지만 항상 도움이 되는 것은 아니다.
단어를 선택할 때 흔히 우리는 좋은 느낌을 주는 단어를 선호한다. 길고 모호한 단어는 사람들에게 깊은 인상을 심어 주는 지적 정교함이 있다고 생각하는 경향이 있다.

그래서인지 비즈니스 서신은 십중팔구 이런 편견을 반영하게 마련이다. 그러나 사실은 단어가 짧을수록 읽기 편한 글이 된다. 모호한 단어를 쓰면 글을 이해하는 데 방해만 될 뿐이다.

따라서 글은 단순하고 쉽게 쓰는 것이 가장 좋다. 어렵고 미사여구가 많으며 복잡한 문체는 최대한 지양해야 한다. 비즈니스 서신의 가장 인상적인 특징은 바로 명료함이다. 명료한 글은 당신이 문제를 명확히 이해하고 있음을 시사해 준다.

따라서 글을 수정하는 기준은 다음과 같이 4개의 표현으로 집약할 수 있다. 즉 **'짧고, 단순하고, 강하고, 매끄럽게'** 글을 써야 한다.

● 짧게

모든 단어나 구, 문단을 최대한 짧게 만들도록 노력해 보자.

우선 생략할 수 있는 단어가 있는지 살펴본다. 찬찬히 들여다보면 중복된 단어를 찾을 수 있다. 단어는 별로 중요하지 않으므로 중복된 표현은 과감하게 지워야 한다.

몇 가지 예를 함께 살펴보자.

　　　2년이라는 기간 동안 계약을 어쩌면 연장할 수 있을지도 모릅니다.

'기간 동안'과 '어쩌면'이 왜 필요한가?

　　　2년 동안 계약을 연장할 수 있을지도 모릅니다.

이렇게 고치면 훨씬 더 짧고 예리한 문장이 된다.

이런 예도 생각해 볼 수 있다.

우리가 거의 기대하지 않은 때인 그런 시기에 문제가 발생했다.
'그런 시기'라는 말은 꼭 필요한 것일까?

우리가 거의 기대하지 않은 때 문제가 발생했다.
이처럼 글을 꼼꼼하게 읽어보고 필요치 않은 단어는 가차 없이 모두 지워야
한다.

이제 구절 단위로 생각해 보자.

놀랍게도 구의 형태로 불필요하게 확장된 단어는 꽤 많다. 다섯 가지의 예를
제시해 보겠다.

합의하다	**합의에 이르다**
설명하다	**설명을 해 주다**
조정하다	**조정을 해 주다**
만나다	**만남을 갖다**
결론짓다	**결론을 이끌어 내다**

이런 말을 남김없이 찾아내어 의미의 손실 없이 대체할 수 있는 단어가 있는
지 생각해 보라.

이제 문단을 살펴보자.

문단과 관련된 규칙은 간단하다. 첫 문장은 말하고자 하는 점을 소개하며 이
어지는 문장은 모두 첫 문장과 어느 정도 관련성을 가진다. 문단의 요점이

충분히 설명되었다면 다음 문단으로 넘어간다.

뒷받침하는 정보가 지나치게 많으면 문단이 늘어지거나 질질 끄는 인상을 남긴다. 이럴 때는 아래의 방법 중 한 가지를 적용해 수정한다.

- **문단 내에서 말하려는 요점이 몇 개인지 세어 본다.**
- **문단을 나눌 만한 곳을 찾는다.**

예를 통해 이 점을 자세히 살펴보자.

> 존에게,
> 당신이 보내 주신 편지가 다소 당혹스러웠습니다. 우선 왜 편지를 쓰셨는지 설명이 없더군요. 두 번째로 말씀하신 내용이 혼란스럽고 정리가 되어 있지 않았습니다. 세 번째로 용어가 전문적이고 장황합니다. 마지막으로 편지를 끝까지 읽어 보아도 무엇을 해 달라는 말씀인지 불확실했습니다.
> 비즈니스 서신을 쓰는 법에 관한 책을 한 권 사서 보실 것을 권합니다.

아니면 이렇게 쓸 수도 있다.

> 존에게,
> 보내 주신 편지가 다소 당혹스러웠습니다. 이유는 다음의 네 가지입니다.
> - 우선 왜 편지를 쓰셨는지 모르겠습니다.
> - 정보가 혼란스럽고 정리가 되어 있지 않습니다.
> - 용어가 전문적이고 장황합니다.

• 명확한 지시 사항이 없습니다.

　비즈니스 서신을 쓰는 법에 관한 책을 한 권 사서 보시기를 권합니다.

2가지 기법 중에서 어느 것을 적용하더라도 쉽게 읽고 기억할 수 있는 문단을 쓸 수 있다.

한 문단에 10문장이 넘지 않게 하라. 문단이 너무 길면 '무거워' 보여 읽고 싶은 마음이 사라질 수 있다. 이럴 때는 문단을 나누는 것이 좋다.
비즈니스 목적으로 글을 쓸 때는 '적은 게 미덕'이라는 바우하우스(Bauhaus)의 조언에 귀를 기울여야 한다. 독자의 시간과 노력을 덜어 주면 분명 당신에 대한 고마운 마음을 갖게 될 것이다.

● 단순하게

상대가 "이게 도대체 무슨 말이지?"라는 반응을 보인다면 그 글을 실패한 것이다.
불분명한 언어나 어려운 용어를 사용해 잘난 체하려는 태도는 절대 금물이다. 그런 접근 방식은 상대로 하여금 좌절감만 느끼게 한다. 어려운 용어는 쉬운 표현으로 바꾸어 쓰고, 첫 글자만 모아서 만든 단어는 맨 처음 나올 때 부연 설명이나 상세한 정의를 제시한다. 독자들이 의미를 당연히 알고 있으리라고 생각하고 그냥 넘어가는 일이 없도록 한다.
또한 되도록 단순한 표현 위주로 글을 쓰는 것이 가장 좋다. '활성화하다(activate)'보다는 '시작하다(start)', '동의, 동조하다(concur)'보다는 '의견이 같다(agree)'라는 말, 즉 일상생활에서 쉽게 접할 수 있는 표현을 많이 써야 한다.

무엇보다도 진부한 표현은 반드시 바꿔야 한다. 단어 하나하나에 특별한 의미를 부여할 수 있는 경우가 아니라면 진부한 표현은 식상한 느낌을 줄 뿐 아무런 쓸모가 없다.

예를 들면 아래와 같은 표현을 주의해야 한다.

1. **최종 결론(The bottom line)**
2. **수완이 좋다(Rocket science)**
3. **줄잡아 이야기하자면(A ballpark figure)**
4. **최후에는(At the end of the day)**
5. **전체적으로 볼 때(The big picture)**
6. **공평한 경쟁의 장(The level playing field)**
7. **인간의 한계에 도전하다(Pushing the envelope)**
8. **진퇴양난(Between a rock and a hard place)**

진부한 표현은 이 밖에도 셀 수 없이 많지만 모두 쓸모없다. 그런 표현을 손쉽게 쓰려 하지 않도록 주의한다. 그런 케케묵은 표현 때문에 글 전체를 망칠 우려가 있기 때문이다.

친애하는 존에게,
7월10일의 대화에 준해 계약 교정에 관계된 서류를 동봉해 보내 드립니다.

대개 사람들은 위와 같은 방식으로 쓰지만 결국은 다음과 같은 말을 하고자 할 뿐이다.

친애하는 존에게,
7월 10일에 이야기했듯이 계약 변경 사항을 설명하는 서류를 보내 드립니다.

단순하고 대화체로 접근하면 글쓰기가 생각 외로 매우 쉽게 느껴질 것이다. 비즈니스에 어울릴 법하다고 여겨지는 복잡한 표현은 과감히 거부하기 바란다.

● 강하게

능동적인 어조는 글에 힘과 확신을 실어 준다. 반대로 수동적인 글은 애매하고 약한 인상을 남긴다.
몇 가지 예를 살펴보자.

아래 두 문장을 비교해 보자.

- 그 책들은 18일에 우리에 의해 주문되어졌다.
- 우리가 그 책들을 18일에 주문했다.

첫 번째 문장은 수동형인 데 비해 두 번째 문장은 능동형으로 쓰였다. 후자가 훨씬 긍정적이고 역동적인 느낌을 준다.

비슷한 예로 다음 문장도 한 번 비교해 보자.

- 계약을 취소한다는 결정이 위원회에 의해 내려졌다.
- 위원회가 계약 취소 결정을 내렸다.

문제는 강조점 그리고 누가 또는 무엇을 문장의 진정한 주체로 할 것인가다. 마지막 예에서 주체는 분명 위원회이지 결정이 아니다. 문장의 구조에서 그 점이 명백히 드러난다. 주체에 초점을 맞추는 훈련은 또한 명사와 동사의 위치 배정에도 영향을 준다.

예를 들어 보자.

제출 기한을 바꾸기는 힘들 것이다. (It's going to be difficult to change the deadline.)

이 문장에서 초점을 명확히 하면 더욱 역동적인 문장으로 만들 수 있다.

제출 기한을 바꾸는 것은 힘들 것이다. (Changing the deadline will be difficult.)

혹은

제출 기한은 바꾸기 어렵다. (The deadline will be difficult to change.)

혹은

제출 기한을 바꾸는 데 어려움이 있을 것이다. (The difficulty will be in changing the deadline.)

이 예에서 강조할 수 있는 요소는 3가지 — 어려움(difficulty), 바꾸기(change), 제출 기한(deadline) — 이다. 이처럼 주의를 집중시킬 초점을 먼저 정한 다음에 문장을 써야 한다.

반면에 표현을 완곡하게 하거나 책임을 피해야 한다면 의도적으로 수동을 사용할 수 있다.

아래 문장을 비교해 보자.
실수가 있었습니다. (Mistakes have been made.)
우리가 실수를 했습니다. (We made mistakes.)
당신이 실수를 하셨습니다. (You made mistakes.)

어느 경우에서든 주체가 무엇인지 정한 다음에 강조점을 뚜렷하게 드러내도록 문장을 써야 한다.
형용사나 부사를 남발하기보다는 의미가 강한 동사와 명사를 사용하는 것이 더 강한 인상을 주는 글을 쓰는 방법이다.
다음 두 문장을 비교해 보자.
가능한 한 빨리 계약에 사인하는 것이 매우 중요하다.
지금 계약에 사인하는 것이 긴급하다.

'매우'라는 단어에 주목해 보자. 이 단어는 느낌이 약한 형용사나 부사를 강조하려고 쓰는 단어다. 차라리 본래 의미가 강한 단어를 찾아 쓰는 것이 낫다. 큰 집은 '맨션', 빨리 달린다는 '질주한다' 등으로 표현하면 된다. 즉, 수식어의 도움 없이 강한 뜻을 전달할 수 있는 단어를 선별해야 한다.

또한 중요한 것처럼 보이지만 중복되는 단어나 구에 유의해야 한다.

예를 들어 다음과 같은 말은 삼가야 한다.

오늘날에는 (In this day and age)

현 시점에서 (At this point in time)

대체로 (All in all)

정말로 (Really)

~라는 사실입니다 (It's a fact that)

오늘날 사회에서 (In today's society)

격식을 따지지 않고 편하게 글을 쓸 때 많이 사용되는 어구들이지만 사실은 깔끔하지 못한 표현이다.
또한 의미의 중복 혹은 반복에도 주의해야 한다.

아래 문장을 한번 비교해 보자.
- 비행기가 아침 이른 시간에 공항에 착륙했다.
- 비행기가 아침에 일찍 착륙했다.

항공기 사고에 대한 보고가 아니라면 비행기는 공항에 착륙한다는 것은 당연한 일이다.
'시간'이라는 단어 역시 아무런 도움이 되지 않는다.
마지막으로 긍정적인 문체로 글에 힘을 더해 줄 수 있다. 누구든지 부정적인 것은 좋아하지 않기 때문이다.

이제 아래 두 문장이 어떻게 다른지 생각해 보자.
- 보호자 없이는 어린이의 입장이 절대 허용되지 않는다.
- 보호자가 있다면 어린이도 환영입니다.

의미는 같지만 하나는 긍정을 암시한 부정이고 다른 하나는 부정을 암시한 긍정이다. 긍정적인 표현이 독자의 반감을 줄일 수 있다.

비슷한 예로, 다음의 경우에는 두 번째 문장이 더 호소력이 높다.
- 6월 10일 이후에는 지원서를 받지 않습니다.
- 제출 기한은 6월 10일입니다. 그전까지 모든 지원서를 보내 주십시오.

● 매끄럽게

일단 글을 짧고 간단하고 힘 있게 썼다면 이제 글이 매끄럽게 흐르도록 주의할 차례다.

상대는 주의를 사로잡는 서론에서 출발해 마지막 결론까지 여행을 하게 된다. 따라서 속도를 조절해 가며 상대의 주의를 분산시킬 만한 걸림돌이나 갑작스럽게 글의 흐름이 흔들리는 부분이 없는지 살펴보고 급격하게 방향을 전환하는 일이 없도록 한다. 각 문장 사이는 반드시 자연스럽게 이어지도록 하고 문단 또한 앞뒤 문단과 내용상 연결되게 한다. 글의 연속성이 떨어지면 독자들은 조각난 글을 이리저리 맞추느라 주의가 분산될 수밖에 없다. 사실 조각을 잘 맞추는 일은 상대가 아니라 글 쓰는 사람이 할 일이다.

글의 연속성은 아래의 2가지 요소에서 비롯된다.
- **구조**
- **표현(언어)**

정보를 잘 정리하기만 하면 다이아몬드 구조가 연속성을 확보해 줄 것이므로 각 요점을 쉽게 연결할 수 있다. 상대는 글의 구조를 따라가기 때문이다. 이때 적절한 연결어는 독자가 글의 구조를 쉽게 따라갈 수 있는 표지판 역할을 해 준다.

●정확성

초안을 짧고, 단순하고, 힘 있고, 매끄럽고 명확하게 작성했다면 거의 마무리 단계에 왔다고 볼 수 있다. 이제는 정확성을 확인하는 일만 남았다.
내용의 사실성, 철자와 문법 등을 꼼꼼하게 검토한다.

●내용

내용 확인 과정은 비교적 단순한 작업이다.
- 숫자를 꼼꼼히 확인하고 필요하다면 출처를 인용한다.
- 인용한 부분이 정확한지 확인하고 말한 사람의 이름을 제시한다.
- 연구 결과를 사용했다면 참고 문헌을 제시한다.

글을 보완할 때는 개인적인 편견을 조심하며 독자의 시각으로 글을 다시 읽으며 사실을 축소하거나 과장한 것이 없는지 살펴보고 필요한 부분을 적절히 조정한다.

●철자와 문법

문서 작성 프로그램을 사용하고 있다면 철자법은 별로 걱정할 필요가 없다. 맞춤법 교정기를 실행시키고 필요한 교정을 하면 된다. 적정 기능을 갖춘 사전이 갖추어져 있는지 확인한다. 내가 이 글을 쓰는 동안에는 빨간 밑줄이 그어진 단어가 굉장히 많았다. 미국 버전의 마이크로 워드 프로그램을 사용하며 영국식 철자를 썼기 때문이다. 이 책은 여러 나라의 언어로 출판될 예정이므로 누군가 이 원고를 각 언어별 버전으로 만들 때 그에 맞는 종류의 사전을 갖추어 체크할 것이다.

그러나 한 가지 유의할 점이 있다. 맞춤법 교정 기능은 철자의 오류, 즉 존재하지 않는 단어만 찾아낸다. 만약 '너의(your)'라는 단어 대신에 '너(you)'라고 쓴다고 해도 '너(you)'라는 단어 역시 우리가 늘 사용하는 단어이므로 오류로 분류되지 않을 것이다. 맞춤법 교정기는 문맥이나 의미는 파악하지 못한다. 그러므로 쉬운 단어는 직접 확인해야 한다.

컴퓨터가 아니라 손으로 직접 글을 쓸 때도 비슷한 문제가 생긴다. 어려운 단어는 마치 단어가 종이에서 튀어나오듯 쉽게 눈에 띄지만 짧고 쉬운 단어는 그냥 넘어가기 쉽다.

부지런해져야 한다. 오자가 대단한 실수는 아니다. 그러나 그런 사소한 실수에 중요한 의미를 부여하는 사람들도 있다. 글 전체의 인상이 너절해 보인다고 생각할 수 있으며 당신이 무심한 사람이라고 생각할지 모른다. 결국 글에 문제가 있는 것이 아니라 당신에게 문제가 있다고 결론지을 수 있다.
이름을 쓸 때 특히 주의해야 한다. 누군가의 이름을 잘못 쓰면 즉시 외면당

할 것이다.

마지막으로 문법을 고려해야 한다. 언어는 계속 변하지만 규칙은 거의 변하지 않는다. 요즘은 규칙을 어기는 일이 많은 데다 그런 것이 쉽게 용인된다. 어떤 경우는 문장이 전치사로 끝나거나 '그리고(And)'와 같은 말로 문장을 시작하기도 한다. 부정사를 따로 분리하기도 한다.
그러나 시인이자 극작가이자 비평가였던 엘리엇(T. S. Eliot)은 이렇게 말했다. "규칙을 지킬 줄 알면서도 어기는 일은 지혜롭지 못하다."

잘 씌어진 비즈니스 서한은 대부분 대화체 어조로 되어 있으며 약간의 규칙 위반을 허용하고 있다. 그러나 특히 격식을 차려야 하는 글이라면 규칙을 제대로 지키는 것이 좋다.
이 책은 영어 문장론이나 문법을 다루는 책이 아니다. 그러나 그런 책은 많다. 로버트, 휴스, 실버먼(Roberts, Hughes, and Silverman)이 쓴 『Rules of Thumb for Business Writers 비즈니스 글쓰기를 위한 경험 법칙』이라는 책은 훌륭한 조언과 충고가 많아 정확한 영어 규칙을 적용하는 데 많은 도움이 된다. 만약 손으로 글을 쓴다면 그런 종류의 책을 참고하기 바란다.
그러나 워드 프로세서를 쓰고 있다면 프로그램에서 대부분의 도움을 구할 수 있다. 종합적인 철자, 문법 교정 기능이 있으므로 문서를 보내기 전에 활용할 수 있다. 놀랍게도 글은 여러 번 읽어도 단순한 오류가 발견되는 경우가 많다.

● 교정하기

3번이나 다듬으며 매우 엄격한 시험과 교정을 거쳤다. 그렇다면 이제는 글이 완벽해야 한다. 그러나 아직도 발견되지 않은 오류가 남아 있을 가능성이 있다. 중요한 문서라면 실수가 없도록 교정을 거칠 것을 권한다.

익숙한 글일수록 실수를 찾아내기 어렵다. 따라서 남들에게 교정을 맡기는 것을 고려해 볼 수 있다. 그들은 새로운 시각으로 당신이 발견하지 못한 문제를 쉽게 찾아낼 가능성이 높다. 이것이 바로 가장 쉽게 글을 다듬는 방법이다.

혼자 교정해야 한다면 다음 요령을 참고하자.

- 글을 소리 내어 읽는다. 이렇게 하면 글의 흐름상 어색한 곳을 찾아낼 수 있다.
- 방법을 바꾸어 본다. 컴퓨터 스크린으로 작업을 했다면 다음에는 종이에 출력해 교정한다.
- 순서를 바꾸어 읽어 본다. 마지막 문장을 먼저 읽거나 뒷부분을 먼저 교정하라. 이렇게 하면 다음에 어떤 단어가 나올지 미리 알기에 대충 뛰어넘으며 읽는 경향을 극복할 수 있다.
- 손가락으로 문장을 짚어 가며 천천히 읽는다. (직장 동료들이 보는 곳에서는 이렇게 하지 않기 바란다.) 혹은 연필이나 자를 사용해 다음 줄을 덮고 읽으면 한두 문장을 건너뛰는 실수를 저지르지 않을 것이다.
- 철자, 구두법, 띄어쓰기 등 한 번에 하나씩 교정한다.
- 잠깐 쉬었다가 마지막으로 한 번 더 교정해라.

1. 감정 이입 요소를 계산하라. 상대를 언급하는 횟수에서 당신을 언급하는 횟수를 뺀 결과가 0보다 커야 한다.
2. 글을 쉽게 쓰기 위해 짧고, 간단하고, 강하고, 매끄럽게(Short, Simple, Strong, Smooth)라는 원칙을 적용한다.
3. 내용, 철자, 문법의 정확성을 기한다.
4. 완성된 글을 꼼꼼하게 교정한다.

연습 문제

10장 연습 문제에서 편집한 글을 가져다가 11장에 나온 과정에 따라 수정해 보자.

결론

우리는 시작부터 완료까지 다음의 6단계를 거쳐 왔다.

- **준비(Preparation)**
- **계획(Planning)**
- **초안 작성(Drafting)**
- **검토(Reviewing)**
- **수정(Rewriting)**
- **윤문(Polishing)**

시간만 많이 소요되는 지루한 과정 같지만 실제로는 전혀 그렇지 않다. 오히려 이 과정을 따르면 시간을 절약하고 훨씬 더 좋은 글을 쓸 수 있다. 처음부터 문제의 핵심을 다루는 글을 써야 한다. 그래야 요점 파악을 위해 추가로 연락을 주고받는 수고를 덜 수 있으므로 궁극적으로 시간 효율이 가장 높은 방법이다.

그러므로 결론 부분에서는 위의 과정들을 간단하게 점검할 수 있는 체크리스트를 작성하는 것이 좋다.

우선 글쓰기 전체에 드는 총 시간을 확인한 다음 각 단계별로 시간을 배분해야 한다.

1. 목적

글쓰기의 목적을 명확히 이해하고 있어야 상대방이 글을 다 읽고 나서 무엇을 해야 하는지 정확하게 이해시킬 수 있다.

2. 자신과 독자를 파악하라

우선 4P를 명심하라.

성격, 편견, 압력, 위치

상대방이 좋아하는 커뮤니케이션 스타일이 무엇인지 알아본다. 사실 위주의 정보에 치중하는 사람, 처리 과정을 궁금해 하는 사람, 감정적인 요소에 반응하는 사람 혹은 개념적인 사고 과정을 중시하는 사람으로 나누어 생각할 수 있다.

글의 내용을 이해하는 데 있어서 상대가 극복해야 할 편견은 없는지 확인한다.

독자가 처한 환경, 즉 직장 내의 공식적인 문화와 숨겨진 문화 요소가 어떤 영향을 미칠지 고려한다.

변화의 단계 중에서 상대가 어느 단계까지 와 있는지 파악한다.

마지막으로 글의 내용과 어조가 서로 어울리는지 검토해 보고 필요하다면 글의 스타일을 적절히 조절한다.

3. 커뮤니케이션 전략을 세운다

- 6장의 과제 분석 도표를 사용해 쓰려는 글의 성격을 정리한다.
- 관련 장애물이나 문제점을 파악한다.
- 글의 기본 틀을 설정한다.
- 글에 사용할 격식의 수준을 결정한다.
- 적당한 매체를 고른다.
- 글의 어조를 결정한다.

4. 자료 수집하기

마인드맵을 활용해 정해진 주제와 관련된 모든 자료를 수집한다. 그런 다음 WIIFM?에 입각해 증빙 자료가 있는 중요한 요점괴 상대방에게 유리한 점을 찾아낸다.

5. 글의 구조 정하기

일반적으로 많이 사용되는 구조는 10가지 정도로 정리해 볼 수 있다. 그러나 글을 설득력 있게 쓰고자 한다면 다이아몬드 구조를 추천하고 싶다.

6. 1차 초안 작성

순서도를 작성하는 기분으로 1차 초안을 단숨에 써 내려간다. 중간에 멈추거나 수정하지 않는다. 초안 전체를 완성하기 전에는 글의 첫머리로 돌아가 읽어 보거나 검토하지 않는 것이 좋다.

7. 수정하기

자신의 관점은 잠시 접어 두고 읽는 사람의 입장이 되어 초안을 검토해 본다.

8. 2차 초안 작성

내용에만 온전히 집중한다. 시작 부분은 호소력이 있는지, 글 쓰는 의도가 정확히 반영되어 있는지 확인한다.

다음에 결론 부분으로 가서 시작 부분과 호응이 되는지 그리고 상대에게 구체적인 행동을 호소하는지 확인한다.

이제 본문을 검토한다. 내용이 최대한 구체적이도록 보완해야 한다. 예나 증거를 충분히 제시하고 필요하다면 시각 자료도 첨부한다.

전체 초안을 다시 훑어보며 글의 설득력을 좀 더 높이기 위해 설득의 6가지 법칙을 적용할 여지가 있는지 생각해 본다.

9. 최종 글쓰기

이제 전반적인 글의 상태를 수정, 보완하는 단계다. 공감 요소부터 검토해야 한다. 그 다음 최대한 쉬운 표현으로 글을 마무리한다. 4S, 즉 **짧고(Short), 간단하고(Simple), 강하고(Strong), 매끄럽게(Smooth)** 글을 쓰라는 원칙이 제대로 적용되었는지 다시 한 번 살펴본다.

마지막으로 내용의 정확성과 철자, 문법, 스타일 등을 점검한다.

10. 교정하기

글 전체에 문제가 없는지 마지막으로 검토하고 마무리한다.

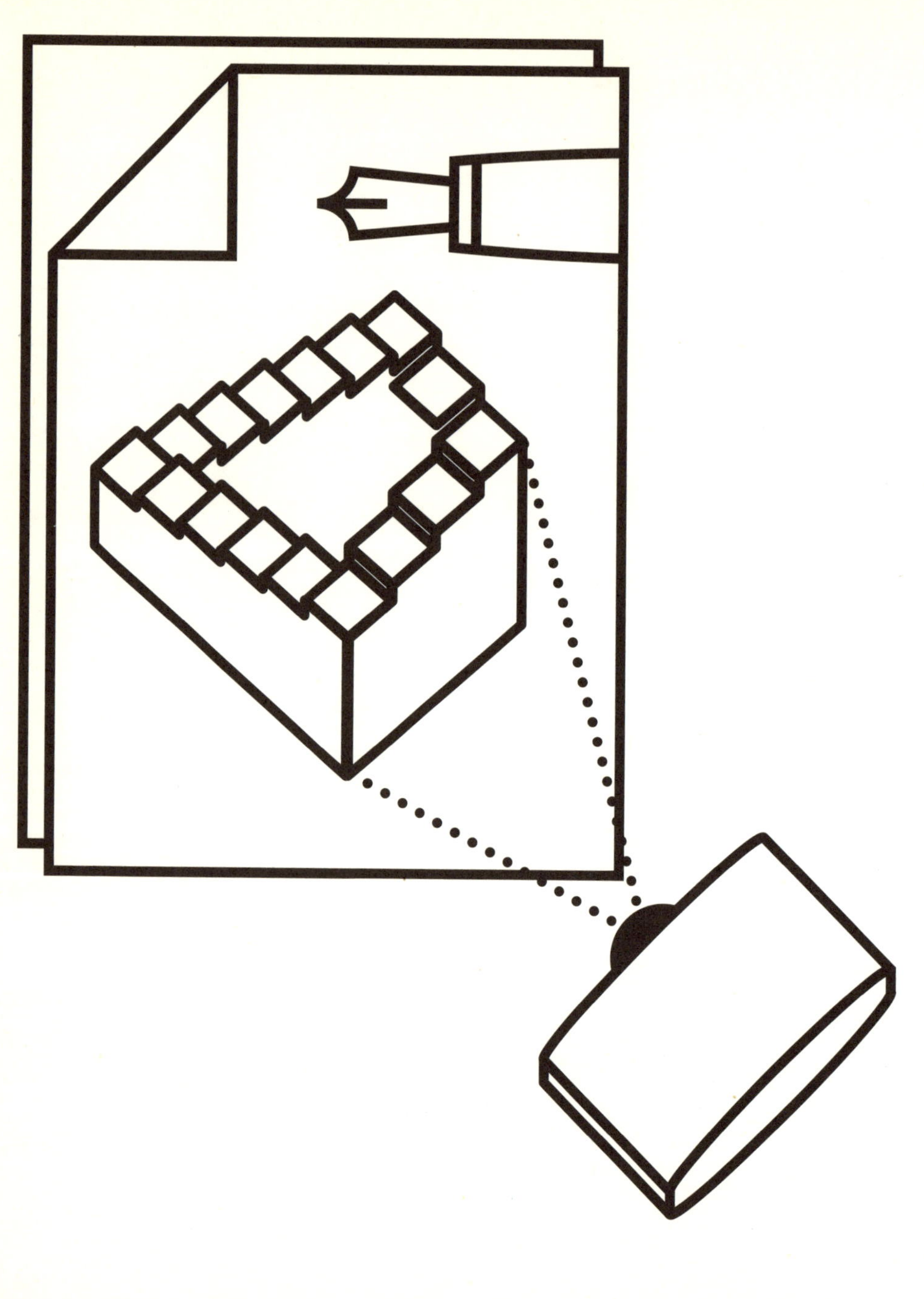

창조적인 비즈니스를 위한 3권의 바이블

CEO의 글쓰기엔 뭔가 비밀이 있다

1판 1쇄 펴낸날 2009년 7월 25일

지은이	닉 사우터
옮긴이	정윤미

펴낸이	이영혜
펴낸곳	디자인하우스
	서울시 중구 장충동2가 162-1 태광빌딩
	우편번호 100-855 / 중앙우체국 사서함 2532
대표전화	(02)2275-6151
영업부직통	(02)2263-6900
팩시밀리	(02)2275-7884, 7885
홈페이지	www.design.co.kr
등록	1977년 8월 19일, 제2-208호

편집장	진용주
편집팀	김은주, 장다운
디자인팀	김희정
영업부	공철우, 윤창수, 정윤성, 백규항, 이용범, 고세진
제작부	황태영, 이성훈, 변재연
출력	삼화칼라
인쇄	(주)중앙문화인쇄

디자인	이기준
교정교열	Bbook

isbn	978-89-7041-992-3
	978-89-7041-524-6 (세트)
값	12,000원

창조적인 비즈니스를 위한 3권의 바이블

CEO의 글쓰기엔 뭔가 비밀이 있다

지은이에 대하여

닉 사우터(Nick Souter)는 창의적 비즈니스 업계에서 평생을 몸담았다. J. 월터 톰슨(Walter Thompson)사에 아트 디렉터(art director)로 합류하기 전까지 그래픽 디자이너 겸 사진작가로 강의했다. 그러나 곧 자신이 사진이나 그림보다 언어에 더 재능이 있다는 것을 깨닫고 카피라이터로 변모했다. 그후 레오 버넷(Leo Burnett)사로 이직하여 런던 지사의 크리에이티브 디렉터 자리에 올랐다. 1993년에는 레오 버넷 교도(Leo Burnett-Kyodo)의 총괄 크리에이티브 디렉터가 되어 도쿄로 자리를 옮겼다. 1997년에는 레오 버넷 호주 지사의 총괄 크리에이티브 디렉터가 되었고, 2004년에는 회장 자리에 올랐다. 닉은 현재 6 디그리즈(6 Degrees)의 일원으로 활동하고 있다.

6 디그리즈(6 Degrees)

6 디그리즈란 교육, 컨설팅, 프로모션 활동을 통해 비즈니스에 종사하는 사람들이 생각의 폭을 넓히고 더욱 설득력 있게 의사소통할 수 있도록 도와주는 전문가 집단을 말한다.

옮긴이에 대하여

정윤미는 경북대학교 영어교육학과를 졸업하고 5년 동안 외국어 고등학교에서 교사로 일했다. 경제 경영을 위주로 인문, 마케팅, 비즈니스 등 다양한 분야에서 활발하게 번역하고 있다. 현재 번역에이전시 엔터스코리아에서 출판기획 및 전문번역가로 일하고 있다.
주요 역서로는 《리더십》(가제), 《GE혁신과 성장의 비밀》, 《브랜드 심플》, 《미국 명문대 진학 가이드》, 《중년 여성 마케팅》(가제), 《로스쿨 합격수기》(가제), 《헤지헌터》(가제), 《경영대학원 합격 수기》(가제), 《미 대학 지원 추천서 이렇게 쓴다》(가제), 《기억력 천재의 비밀노트》, 《자아도취적 이기주의자 대응심리학》 등이 있다.